CHAO-HSIU CHEN

Reis in Jadeschalen

Die Autorin

Chao-Hsiu Chen wuchs in Taiwan auf, wo sie in den alten Weisheiten des Buddhismus, des Konfuzianismus und des Taoismus unterrichtet wurde. Von ihrem Vater, einem bedeutenden Architekten, erhielt sie ihr Wissen um Wesen und Wirkung des Feng Shui, von ihrer Mutter ihre musikalische und künstlerische Kraft. Sie studierte Musik in Wien und Salzburg, u. a. als Schülerin von Carl Orff. Mit ihren Vorträgen und Büchern (36 Werke in 17 Sprachen) wurde sie zu einer der wichtigsten Interpretinnen chinesischer Weisheitslehren im Westen. Die Komponistin, Feng-Shui-Beraterin, Malerin und Kalligraphin (Ausstellungen in Zürich, Rom, München, Frankfurt, Vaduz u. a.) lebt mit zwei Huskies und einem Setter-Mischling in den Weinbergen südlich von Rom. Für die Ullstein-Edition ihrer Werke hat sie selbst in traditioneller chinesischer Pinseltechnik die Umschläge gestaltet und alle Bände mit Tuschezeichnungen illustriert.

Weitere Werke der Autorin in unserem Programm:

Der Meister
Die Worte des Meisters
Tao Te King
Tempel des Tao
Feng Shui
Feng Shui der Seele
Feng Shui der Schönheit
Das Buch der ewigen Liebe
Im Tempel der Stille
Das I Ging der Antworten

CHAO-HSIU CHEN

REIS IN JADESCHALEN

Das spirituelle China

Mit Tuschezeichnungen der Autorin

Aus dem Amerikanischen von Hans Christian Meiser

Allegria

Besuchen Sie uns im Internet:
www.ullstein-taschenbuch.de

Durch Chao-Hsiu Chen autorisierte Übertragung
aus dem Amerikanischen von Hans Christian Meiser

Allegria ist ein Verlag der Ullstein Buchverlage GmbH
Herausgeber: Michael Görden

ISBN 978-3-7934-2068-2

Umwelthinweis:
Dieses Buch wurde auf chlor- und säurefreiem Papier gedruckt.

Umschlaggestaltung: FranklDesign, München
Titelabbildung: Chao-Hsiu Chen
Gesetzt aus der Garamond
Satz: Keller & Keller GbR
Druck und Bindearbeiten: Clausen & Bosse, Leck
Printed in Germany

Inhalt

REIS
IN
JADESCHALEN

Die graue Asphaltstraße zeichnete eine klare Linie zwischen die goldenen Reisfelder, während der blaue Bus in rhythmischen Bewegungen über sie dahinschlängelte und meinen Körper hin- und herwarf, als würde er sich in einem Schiff auf hoher See befinden.

Dies ist eine der Erinnerungen an meine Kindheit in Taiwan, wenn ich mit meiner Mutter aufgebrochen war, meine Großmutter zu besuchen. Ich saß auf der Rückbank und beobachtete, wie der Wind über die Reisfelder wehte und sie in goldene Wogen verwandelte, was mein Gefühl, auf einem Schiff zu sein, noch verstärkte; nur, dass ich jetzt auch der Kapitän war, was mich mit Stolz erfüllte. Ich weiß nicht, warum, aber in meiner Kindheit war ich stets auf irgendetwas stolz.

Dann hörte ich meine Mutter sagen: »Schau Dir diese Reispflanzen an, sie sind schon reif, deshalb neigen sie ihren Kopf hinab.« Dann blickte sie mich aus den Augenwinkeln an und fuhr fort: »Du bist aber noch nicht reif und trägst den Kopf immer noch hoch erhoben.« Und sie sagte auch: » Ein Reiskorn ist so bescheiden und klein, und gerade aus diesem Grund gehört es zum Größten und Wichtigsten, das es gibt.«

Ich achtete nicht wirklich auf das, was meine Mutter sagte, denn allzu sehr war ich mit meinen Schifffahrtsphantasien beschäftigt, doch sie sprach mit aller Geduld weiter: »Wir alle möchten wachsen, doch wirklich wichtig werden wir nur, wenn wir unser ganzes Leben anderen schenken. Sei deshalb bescheiden, denn nur wer sein Haupt beugt, kann die Erde sehen, und in dieser Erde liegt alles, was es gibt.« Ich bewunderte den wolkenlosen blauen Himmel, und mein Kopf war so hoch wie die Brise, welche dort oben wehte, als ich meine Mutter erneut hörte: »Wenn die Reispflanze noch nicht reif ist, trägt sie ihren Kopf ganz hoch oben; und jeder Windstoß schüttelt sie hin und her, sodass sie nie an einer Stelle verweilen kann.«

An der Endhaltestelle stiegen wir aus. Wir waren in der Heimatstadt meiner Mutter, in der auch ihre Mutter lebte, angekommen. Wir liefen von einer Straße zur anderen und überquerten den Fischmarkt, bis wir schließlich von Ferne einen breiten Kanal sahen, an dessen Ufer ein alter Banyanbaum mit seinen gewaltigen Ästen Schatten spendete.

Sobald wir uns Großmutters Anwesen näherten, begann meine Mutter die Laute des Truthahns nachzuahmen, was sie nahezu perfekt konnte und wodurch sie unter dem Geflügel des Hofes regelmäßig für Ausehen sorgte.

In dem rot lackierten Schrank mit den glänzenden Messingbeschlägen, der in ihrem Schlafzimmer stand, bewahrte Großmutter eine kostbare Jadeschale auf. Jedes Mal, wenn sie etwas Gutes getan hatte, legte sie dort ein Reiskorn hinein. Mittlerweile war die Schale voll geworden. Mir gefiel sie so gut, dass ich gerne mit ihr spielen wollte, doch meine Mutter meinte nur, dass dieser wertvolle Gegenstand kein Spielzeug sei. »Lass sie doch damit spielen«, meinte hingegen meine Großmutter, »es ist doch nur eine Schale voll mit guten Taten.« Dann nahm sie das Gefäß aus der Vitrine und reichte es mir mit den Worten: »Jeder von uns gleicht einem Reiskorn und das Leben gleicht dieser Schale. Solange sie mit guten Taten gefüllt ist, ist sie kostbar. Ein Leben ohne gute Taten aber gleicht einer leeren Reisschüssel. Und was kann man mit einer solchen schon anfangen?«

Lange Zeit verstand ich die Bedeutung dieses Bildes nicht, doch als ich älter wurde, wurde mir allmählich klar, was meine Großmutter und meine Mutter mir hatten sagen wollen. Und seit dieser Zeit versuche ich ihren Rat zu befolgen, denn ich weiß nun, dass das Leben eine kostbare Jadeschale ist, in der ein jedes Reiskorn mit Liebe und Achtung behandelt werden muss.

In diesem Buch will ich versuchen, die wichtigsten Ingredienzien der Spiritualität Chinas so aufzubereiten, dass jeder Leser versteht, von welchem Schatz er in seiner eigenen Kultur umgeben ist, und dass auch er eine Schale zu Hause stehen hat, in die er jeden Tag ein Reiskorn legen kann. Und je mehr Schalen er besitzt, umso besser ...

Ich habe für dieses Werk verschiedene Tuschezeichnungen und Kalligraphien angefertigt. Sie verstehen sich als ein Teil des Buches, der auf seine Weise zum Verständnis und zur Vertiefung des Gesagten beiträgt.

Nun bitte ich meine Leser, mich bei meiner Reise zu einem gesunden und glücklichen Leben, welches das Resultat eines spirituellen Lebens ist, zu begleiten, damit sie selbst wiederum andere einladen, an dieser Reise teilzunehmen.

Chao-Hsiu Chen
Rom - Taiwan
Im Jahr des Schweins

VOM GESUNDEN UND GLÜCKLICHEN LEBEN

Seitdem ich des Lesens mächtig bin, gibt es einen Satzbeginn, der sein Licht auf alles, was ich betrachte, wirft: »Konfuzius sagt ...«

Und in der Tat begleiten die Worte des Weisen mein Leben auf Schritt und Tritt. Oft frage ich mich, was denn übrig bliebe, wenn die Chinesen Konfuzius aus ihrer Kultur entfernen würden? Was würde das Volk zusammenhalten? Was würde ihm seine Moral geben, was seine sittliche Grundlage? Was würde die Einheit des riesigen Reiches garantieren? Wie würde die Kultur aussehen? Und wie ein gesundes und glückliches Leben des Einzelnen? Zu letztem Punkt äußert sich der große Denker folgendermaßen:

»Mit dreißig stand ich fest.
Mit vierzig Jahren war ich von Zweifeln frei.
Mit fünfzig begann ich das Buch der Wandlungen
zu studieren.
Mit sechzig Jahren erkannte ich den Willen
des Himmels.
Mit siebzig fing ich an zu leben.«

Im Grunde genommen ganz einfach, oder? Gewiss, wenn man in dieser Tradition aufgewachsen und ihr gefolgt ist. Aber was macht einer, der - sagen wir mit fünfzig - plötzlich erkennt, dass er zwar genügend Erfahrung, Wissen und Güter angesammelt hat, aber sein Leben innerlich dennoch nicht so reich ist, wie er sich dies erhofft; dass er nicht so gesund ist, wie er sich dies erwünscht; und dass die Zeit als die unberechenbarste Größe, die es gibt, täglich wie ein mahnender Zeigefinger über seinem Dasein schwebt?

Wie kann ein solcher Mensch sein Leben neu ausrichten? Wie kann er seinen Charakter weiterhin ausprägen, ohne sich für bereits vollendet zu halten? Wie kann er sein Leben in Gesundheit genießen? Wie viel Zeit findet er noch für die Liebe? Und wie kann er gegen die Zeit vorgehen, die ihm ein unbekanntes Ende vorgibt?

Dieser Mensch erkennt, dass das Leben das größte Geschenk an sich ist, wir uns aber nur für kurze Zeit daran erfreuen können. Und dennoch ist es uns gegeben, es auszuweiten, es zu verlängern und zu vertiefen - wenn wir es recht zu behandeln wissen.

Eigentlich ist diese Behandlung äußerst einfach und von jedermann nachzuvollziehen. Es geht letztlich nur darum, das Rechte zu essen, für seine Gesundheit Vorsorge zu tragen, für sich und andere schön zu sein, Ruhe im Herzen zu bewahren, die Balance zwischen Liebe und Karriere, zwischen Familie und Arbeit zu finden sowie auf wirkliche Freunde stolz sein zu können.

Ein gesundes und glückliches Leben ist demnach nicht nur eine Frage der inneren Einstellung, sondern auch der rechten Anwendungen und Übungen. Die Einheit beider entscheidet darüber, ob, wann und wie wir dem Ideal des Konfuzius nahekommen.

Auf den kommenden Seiten werde ich nun die Wege aufzeigen, die es zu gehen gilt, um - egal in welchem Alter - dem Weg des Himmels und dem des Herzens folgen zu können - zum Wohle aller und (natürlich) auch von einem selbst. Denn Sie wissen ja:
»Konfuzius sagt ...«

IM
LICHT
DER
LEBENSKRAFT

Windstille –
selbst die Wolken bewegen sich nicht.
Mit weißem Licht bescheint sie der Mond.

Plötzlich bewegt sich die Luft
und die Blüten
wiegen sich
im Schattentanz.

Die Kraft des Lebens

Die Nordpolente

An der südlichen Küste Taiwans, ganz in der Nähe jener Stadt, in der ich geboren wurde, landen jeden Winter Scharen von Zugvögeln. Ihre Ankunft zu beobachten ist jedes Mal ein großartiges Spektakel und die ganze Bevölkerung der Küstenregion ist auf den Beinen. Unter diesen Vögeln gibt es auch welche, die beinahe ausgestorben wären, wie z. B. den Schwarzen Silberreiher. Wir sind sehr dankbar, dass die Vögel unser Land gewählt haben, versuchen ihnen so gut es geht zu helfen und hoffen, dass sie ein langes Leben haben werden.

Eines Tages landete eine Ente bei uns, die nicht aus der weiteren Umgebung stammen konnte, weil ihre Spezies auf der anderen Seite der Erde beheimatet war. Niemand verstand, wie es ihr möglich gewesen war, bis nach Taiwan zu gelangen, und so gab man ihr den Namen »Nordpolente«. Weder das »Wie« noch das »Warum« ihres Kommens waren zu klären, genauso wenig wie die Tatsache, wo denn ihre Gefährten geblieben waren. Völlig erschöpft und in einem sehr kritischen Zustand hatte man sie am Strand gefunden. Zoologen und Veterinäre versuchten in einem dramatischen Wettkampf mit der Zeit, ihr Leben zu retten - vergebens. Da begannen sich die Küstenbewohner zu fragen: »Wer war dieses Wesen - und was *wird* es sein?«

Diese Frage stellen sich die Chinesen immer, wenn jemand gestorben ist, egal ob Mensch oder Tier. Sie denken an das vergangene Leben und an das zukünftige. Ihrer Überzeugung nach geht die Existenz nach dem

Tode weiter. Das verstorbene Wesen mag seine Form ändern, aber es bleibt ein Teil des großen Kreislaufs der Natur. Diese Vorstellung hilft den Chinesen, Leben und Tod anders zu betrachten, als dies im Westen der Fall ist. Eine Auferstehung gibt es bei uns nicht, wohl aber eine Verwandlung in einen anderen Zustand. Nach dem Tod kommt das Leben, deshalb sind wir dankbar für den Tod, denn er zeigt uns das wahre Leben. Und wir sind dankbar für das Leben, denn es verbindet uns mit dem Tod.

Leben und Tod sind eins. Wenn man dies nicht nur mit dem Verstand, sondern vor allem mit dem Herzen begreift, kann man alle Dinge im rechten Maß sehen; und dann mag es gelingen, das Licht in der Lebenskraft zu entdecken.

»Den Charakter zu pflegen«, so sagt ein chinesisches Sprichwort, »bedeutet, sein gutes Chi zu pflegen.« Was ist dieses Chi und weshalb ist es von so großer Bedeutung? Kurz ausgedrückt ist es die *Kraft des Lebens* an sich, und wenn es Licht in sich trägt, ist es stark und voller Harmonie. Derjenige, dem es zuteil wird, ist vital und gesund. Ist es jedoch voll Dunkelheit, ist es schwach und führt zu Dissonanz. Und wen dieser Zustand dann befällt, der lässt nach und wird krank.

Aus diesem Grund versuchen die Chinesen, alles zu tun, ihr Chi zu pflegen, denn über ein gutes Chi zu verfügen bedeutet, ein gesundes Leben zu führen, und dies wiederum ist nur möglich, wenn man damit beginnt, seinen Charakter positiv zu formen. Natürlich kann man auch jeden Tag ein Reiskorn in eine Jadeschale legen ...

Das Chi pflegen

Päonienwunder

Als ich ein Kind war, zog ich es vor, meine Zeit mit den Erwachsenen und ihrem Tun zu verbringen, als mit den Gleichaltrigen zu spielen. Zu meinen Lieblingsbeschäftigungen gehörte es, meinen Eltern zuzuschauen, wenn sie sich in *Ikebana* übten. Man erzählte mir, dass die Kunst des Blumensteckens zwar aus Japan stamme, dass ihre Wurzeln aber sehr viel älter seien und sie im China der Song-Dynastie (420–479 n. Chr.) entwickelt worden wäre, als zu jener Zeit Wissbegierige den Blumenweg beschritten hätten, um ihren Charakter zu formen. Die Blumen symbolisieren die Natur und ihre Schönheit, und einen Weg zu finden, auf dem man eine besondere Form des Steckens entwickeln kann, durch welche die Schönheit der einzelnen Gewächse und des Gesamts noch mehr zum Tragen kommt, gleicht der Art und Weise, seine inneren Gaben zu veredeln. Von meinen Eltern lernte ich, wie wichtig es war, dass alles in Harmonie miteinander stünde – die unterschiedlichen Farben, die verschiedenen Duftnoten und sogar die Gefühle zwischen den Menschen und den Blumen. Darüber hinaus, so vernahm ich, müsse auch Harmonie zwischen der Flora, dem Himmel, allen Wesen und der Erde selbst herrschen. Und schließlich dürfe man Blumen nur dann arrangieren, wenn man selbst über ein ausgeglichenes Gemüt verfüge.

In meinem kindlichen Herzen konnte ich nicht wirklich verstehen, was meine Eltern meinten, doch ich war fasziniert, wenn ich sah, wie meine Mutter nur eine Blumensorte verwendete, diese freilich in all ihren Farben, oder aber viele Sorten, von diesen jedoch immer dieselbe Farbe. Den schönsten Duft verströmten die Päonien, die Pfingstrosen, die oft im Wohnzimmer auf dem Teetisch standen und in Feuerrot, Seidenrosa, Purpurrot, Schneeweiß oder Pfirsichfarben leuchteten. Mein Vater sagte oft, dass ihre Schönheit vom Himmel und der Erde stamme und dass es nicht in unserer Macht stünde, sie bei uns zu halten, denn wir hätten sie ja nur von der Natur geborgt, so, wie unser eigenes Leben auch.

Wasser

Chi-Fluss

Die Harmonie zwischen dem Himmel, den Menschen und der Erde stellten meine Eltern mit Pinienzweigen, Chrysanthemen und Gänseblümchen dar. Im alten China stand die Pinie für heilige Gefühle und ein langes Leben, die Chrysantheme verkörperte einen edlen Charakter und das Gänseblümchen den Bezug zur Erde. Was hat das Ganze aber mit dem Chi zu tun?

Nun, zunächst deutet Harmonie stets auf ein positives Chi hin, denn alles, was in Disharmonie steht, kann nur Negatives hervorbringen. Und es gibt verschiedene Methoden, wie man dieses Chi sogar noch verstärken kann. Eine brachte mir mein Großvater bei, den ich immer auf dem Weg zur Schule besuchte. Er übte im Garten des Konfuziustempels, der ganz in der Nähe meiner Schule lag, mit seinen Freunden Tag für Tag *Tai Chi Chuan* (wörtlich: »universelles Harmonieboxen«), die uralte chinesische Bewegungslehre, die für die Ausgeglichenheit von Körper und Seele so wichtig ist. Fasziniert nahm ich ihre zeitlupenartigen Bewegungen wahr, und es dauerte nicht lange, bis ich mich in dieser Kunst ebenso unterrichten ließ wie in Ikebana. Schließlich standen mir ja alle Lehrer ohne weiteres zur Verfügung, und wann immer ich wollte, gewährten sie mir Einblick in ihre Kunstfertigkeit.

Diese Lehren drangen so tief in mich ein, dass ich sie nicht nur mühelos erfasste, sondern dass sie mir auch bis heute im Gedächtnis geblieben sind. Eine besonders einfache, aber sehr wirkungsvolle Methode, sein Chi zu stärken, ist die folgende:

Stärken des Chis

1. Suchen Sie einen Ort auf, an dem Sie sich entspannt fühlen. Dieser Ort muss nicht unbedingt am Meer oder auf einem Berg liegen, es kann auch eine besondere Ecke in Ihrer Wohnung sein, in der Sie sich wohlfühlen.

2. Stellen Sie sich so hin, dass Ihre Beine etwa so breit sind wie Ihre Schultern. Lassen Sie die Arme ganz natürlich baumeln.

3. Schließen Sie die Augen und konzentrieren Sie sich auf Ihr Drittes Auge (den Punkt zwischen den beiden Augenbrauen).

4. Atmen Sie durch die Nase langsam tief ein.

5. Atmen Sie durch die Nase langsam tief aus.

6. Atmen Sie auf diese Weise fünf Minuten lang.

Als ich meinen Großvater das erste Mal diese Übung durchführen sah, fragte ich ihn, woran er denn denke, wenn er die Augen geschlossen habe. Er lächelte und sagte nur: »Ich habe gar nicht bemerkt, dass Du mich beobachtest. Aber wenn Du wissen willst, was man dabei denken soll: Gar nichts, außer daran, dass man das Chi des Himmels und der Erde einatmet; und während Du ausatmest, gibst Du alles Schlechte und allen Ärger Deines Geistes ab. So wirst Du auf Dauer glücklich werden und ein gesundes Leben führen.«

Diese Antwort gefiel mir und neugierig fragte ich weiter: »Ist das, was Du da machst, das Gleiche wie *Chi Gong*?« Ich hatte dieses Wort (wörtlich: »Lebenskraft-Übung«) in der Schule aufgeschnappt, wusste aber natürlich nicht, was es bedeutete. Mein Großvater war erstaunt, doch dann lächelte er und sprach: »Im Chi Gong unternehmen wir Übungen, mit denen wir in der Lage sind, unser Chi zu stärken, um damit ein gesundes Leben zu führen. Es gibt zwei Arten von Übungen: die einen sind für die Knochen und Muskeln, die anderen nutzen den inneren Organen.« »Und welche Übungen sind wichtiger«, wollte ich nun in Erfahrung bringen. Großvater ließ sich unter einem mächtigen, uralten Baum nieder und sagte: »Mein Meister erklärte mir das einmal so: ›Ohne die Unterstützung der Übungen, die das Innere betreffen, wird das Äußere des Menschen bald schwach und alt erscheinen. Und wenn man Übungen für das Äußere vernachlässigt, kann es sein, dass sich der Geist in die falsche Richtung entwickelt.« Plötzlich musste ich an Bruce Lee denken, dessen Filme ich alle gesehen hatte. Eine Ahnung kam in mir hoch. »Weshalb schreit er so, bevor er zu kämpfen beginnt«, fragte ich meinen verdutzten Großvater. »Er sammelt sein Chi, bevor er kämpft, und er beeindruckt seine Gegner damit. Das Chi schützt ihn auch vor Verwundungen«, antwortete er und blickte mich mit großen Augen an. Ich sah ihn mit genauso großen Augen an und war stolz darauf, das Geheimnis des großen Bruce Lee offenbar entdeckt zu haben. »Wenn Du Bruce Lee kennst, dann weißt Du sicher auch, wer Muhammed Ali ist«, wollte mein Großvater unser sonderbares Gespräch fortsetzen. »Meinst Du den Boxer aus Amerika«, frage ich nach einer Weile des Nachdenkens. »Genau. Doch kennst Du auch den Unterschied zwischen seiner Art zu boxen und unseren Formen des Kampfes?« Verlegen schüttelte ich den Kopf. »Nun, es ist die Art, wie man sein Chi gebraucht. Die westlichen Faustkämpfer versuchen über die Gewalt zu gewinnen, diejenigen aber, die um das Wesen und Wirken des Chis wissen, verstehen, dass ein Chi-Kämpfer seinen Gegner nur durch das Chi besiegt. Er siegt, ohne wirklich zu kämpfen.«

Und dann begann er, mir einige Übungen beizubringen, die ich hiermit an Sie weitergebe. Die erste ist geeignet für die:

Stärkung der inneren Organe

1. Atmen Sie langsam durch die Nase ein. Heben Sie währenddessen die Arme und formen Sie mit ihnen über dem Kopf ein Dreieck.

2. Atmen Sie langsam durch die Nase aus und ziehen Sie die Arme vom Kopf vor die Brust bis zum Unterbauch, während Sie die Handinnenflächen aneinandergepresst halten.

3. Legen Sie beide Handinnenflächen auf den Unterbauch, atmen Sie dabei ganz natürlich, aber nicht allzu schnell. Versuchen Sie die Bauchatmung.

4. Wiederholen Sie diese Übung sieben Mal.

Die zweite Übung dient der:

Verbesserung des äußeren Erscheinungsbilds

1. Stehen Sie entspannt mit den Beinen in Schulterbreite.

2. Lockern Sie Ihre Knie und kreisen Sie mit beiden Armen.

3. Versuchen Sie, Ihre rechte Hand auf Ihre rückwärtige linke Schulter zu »werfen« und Ihre linke auf die rechte Schulter.

4. Fühlen Sie sich dabei wie das Pendel einer Uhr.

5. Machen Sie diese Übung etwa zehn Minuten lang.

Das Chi, soviel können wir über diese rätselhafte Substanz sagen, lebt in allen Dingen, es ist Energie, Motor, Lebenskraft. Das Natürlichste, das es gibt, ist Chi. In allem, was man täglich berührt oder isst, lebt das Chi. Damit Sie eine Verbindung mit Ihrem eigenen Chi und dem, das Sie umgibt, herstellen können, empfehle ich Ihnen die dritte Übung:

Übung des unsichtbaren Apfels

1. Suchen Sie zu Hause einen ruhigen Platz auf.

2. Ziehen Sie sich so bequem wie möglich an. Das, was Sie tragen, sollte aus reiner Baumwolle, Leinen, Wolle oder Leinen sein.

3. Setzen Sie sich komfortabel hin - es muss nicht der Schneidersitz sein -, denn das kommende Training können Sie auch auf einem Stuhl, einer Couch oder auf dem Bett machen. Wichtig ist allein, dass Sie dabei möglichst entspannt sind.

4. Halten Sie Ihre Hände in Beckenhöhe so, als ob Sie Wasser in ihnen aufbewahren würden. Verharren Sie mindestens fünf Minuten in dieser Position.

5. Bleiben Sie wie in Punkt 4 beschrieben, doch legen Sie nun eine Hand über die andere, ohne dass sich die Hände berühren, so als würden Sie einen unsichtbaren Apfel halten. Verharren Sie erneut fünf Minuten in dieser Stellung. Die Wärme, die Sie spüren, ist das Chi.

6. Da Sie nun Ihr Chi kontrollieren können, ist es Ihnen möglich, es z. B. zu Ihrer Stirn zu heben, Ihrer Brust oder zu Ihrem Becken, vielleicht auch dahin, wo Sie einen Schmerz verspüren. Auf diese Weise sind Sie imstande, die Energiezentren Ihres Körpers gewissermaßen aufzuladen.

Das Chi, die Lebenskraft, spielt in der chinesischen Interpretation der Welt eine enorme Rolle. Schon der Philosoph *Meng Tse* (371–289 v. Chr.) sagt, dass im Himmel und auf Erden alles von Chi erfüllt ist. Dieses sei die größte und stärkste Kraft überhaupt und würde sogar Raum und Zeit beeinflussen. Einige Jahrhunderte vor ihm hatte der weise *Lao Tse* erkannt, dass alles, was in einem einzigen Augenblick geschieht, auf dem ewigen Wechselspiel der Polaritäten von *Yin* und *Yang* beruht, wobei dieses Geschehen eben vom Chi durchflutet wird. Yin verkörpert die weibliche Seite der Welt und Yang die männliche. In einem gesunden und glücklichen Leben geht es letztlich darum, diese Polaritäten miteinander in Harmonie zu bringen, damit keine der beiden Seiten die andere dominiert. Wenn dann Yin und Yang miteinander in Einklang stehen, kann sich positives Chi entwickeln.

Ohne Chi sind wir nicht lebensfähig. Das wussten auch andere Völker und gaben ihm andere Namen: »Ki« heißt es bei den Japanern, »Mana« bei den Völkern Polynesiens, »Prana« bei den Indern, »Pneuma« bei den Griechen, »Odem« bei den Germanen und »Atem des Lebens« bei den Mystikern, die es oft als göttlich bezeichnen.

Die weniger metaphysisch als vielmehr praktisch veranlagten Chinesen halten das Chi hingegen für das Naturgegebenste und Einfachste, das es gibt. Es geht für sie ausschließlich darum, es für den Menschen zum Zwecke seines Wohlergehens nutzbar zu machen. So ist z. B. neben dem oben erwähnten Tai Chi Chuan und dem Chi Gong auch die *Chakren-Lehre* davon beeinflusst, nach der entlang der Wirbelsäule des menschlichen Körpers sogenannte Energiepforten lokalisiert sind, durch welche das Chi fließt. Sind diese - wodurch auch immer - ganz oder teilweise blockiert, entsteht Krankheit. Die Aufgabe lautet also, für einen konstanten Chi-Fluss zu sorgen - eine Tatsache, welche sich die Akupunktur zunutze macht, die mit ihren Nadelstichen erstaunliche Erfolge erzielt.

Da aber nicht nur der Mensch über Chi verfügt, sondern - wie gesagt - alles, das überhaupt existiert, ist es für ein geglücktes Leben letztlich unerlässlich, eine Chi-Balance herzustellen, damit eben jene Disharmonie vermieden wird, die das Dasein des Menschen zur Hölle machen kann. Das ist auch der Grund, weshalb die *Feng-Shui-Lehre*, die wir im nächsten Abschnitt betrachten werden, sich heute weltweit so großer Beliebtheit erfreut.

DAS GEHEIMNIS VON WIND UND WASSER

Wind treibt mein Boot voran,
Wasser bleibt im Himmel.
Wohin fahre ich,
wenn nicht dorthin,
wo alle Elemente eines werden.

Wind und Wasser

FENG-SHUI-STUDIEN

»Woher kommst Du?«
»Vom Wind.«
»Und wohin gehst Du?«
»Zum Wind.«

»Was ist so gut am Wind,
dass Du ihm immer folgst?«

»Er kann mich himmelwärts tragen,
aber auch auf der Erde halten.«

»Und Du? Kannst Du das auch?«
»Woher kommst Du?«
»Vom Wasser.«
»Und wohin gehst Du?«
»Zum Wasser.«

»Was ist so gut am Wasser,
dass du ihm immer folgst?«

»Es kann mich himmelwärts tragen,
aber auch auf der Erde halten.«

Es ist wahr: Was der Wind und das Wasser vermögen, das vermögen wir nicht. Und so ist es auch kein Wunder, dass die Chinesen seit uralten Zeiten diese beiden kosmischen Größen studieren. Sie fragten sich: Gibt es einen Anfang des Universums? Wenn alles lehmig und voller Schlamm war, wie geschah es dann, dass sich Himmel und Erde voneinander trennten? Wie kann man die beiden voneinander unterscheiden? Und: Gibt es einen Himmel jenseits des Himmels und eine Erde jenseits der Erde? Wie lange werden Sonne und Mond mit ihren Strahlen für Helligkeit sorgen? Weshalb münden Flüsse im Meer? Warum läuft das Meer nicht über? Wieso ist es im Winter kalt und im Sommer warm? Und wo kann man das Elexir des Lebens finden?

Das Universum zu verstehen und das Elexir des Lebens zu finden - um diese beiden Fragen kreist das chinesische Denken seit jeher. Durch Naturbeobachtung kamen Wissenschaftler und Philosophen im Laufe der Jahrtausende einigen Gesetzmäßigkeiten des Himmels, des Menschen und der Erde auf die Spur. Aus diesem Wissen entwickelten sie eine Systematik, die heutzutage als *Feng Shui* bekannt ist, als chinesische Harmonielehre.

Feng bedeutet Wind und *Shui* meint Wasser. Seit dieses Wissen auch im Westen bekannt gemacht wurde, hält man es dort entweder für etwas höchst Komplexes und Unverständliches oder etwas schrecklich Esoterisches. In China selbst hingegen gehört es zum Alltag, auch wenn es durchaus in einen mystischen Schleier gehüllt ist.

In meiner Kindheit war es, wenn eine Hochzeit stattfinden sollte oder ein anderes wichtiges Ereignis anstand, gang und gäbe, das rechte Datum anhand von Feng-Shui-Studien zu eruieren, schließlich sollte alles von einem günstigen Schicksal begleitet werden. Liefen die Geschäfte eines Ladenbesitzers schlecht, so konsultierte er einen Feng-Shui-Meister, damit dieser entweder den Eingang mit magischen Symbolen ausstattete, die Position der Regale veränderte oder die Einrichtung komplett austauschte. Hatten Liebespaare gewisse Probleme körperlicher Natur, ging man zum Feng-

Shui-Meister, und oft riet dieser ganz einfach dazu, das Bett im Schlafzimmer umzustellen. Auch für den Tod war er zuständig, um nämlich den richtigen Bestattungsort ausfindig zu machen. Von der Geburt bis zum Tod - Feng Shui war (und ist) für alles zuständig.

Auch für Namen übrigens. Der meine etwa wurde von meinem Vater und Meister Bai, einem bedeutenden Feng-Shui-Gelehrten, ausgesucht und heißt übersetzt »Vortreffliche Anmut«. Wenn man so aufwächst, versucht man natürlich der Verpflichtung seines Namens gerecht zu werden; und über kurz oder lang wird man so, wie man heißt. Anfangs war ich weniger glücklich über diese Kombination, doch als mich mein Vater aufforderte, mit ihm gemeinsam Feng-Shui-Studien durchzuführen, erkannte ich nach einiger Zeit, dass kein anderer Name besser zu mir passte. Ein Nebeneffekt davon war, dass sich mir eine bis dahin verschlossene Welt eröffnete, die meine Neugierde erweckte und die bis zum heutigen Tage nichts von ihrer Faszination auf mich eingebüßt hat.

Die Harmonie von
Himmel, Mensch und Erde

Eines Tages nahm mich mein Vater zu Meister Bai mit. Er lebte nicht, wie manch andere Feng-Shui-Meister, in einer Art Tempel voll von Weihrauch umschwebten Götterfiguren, sondern in einem bescheidenen Häuschen in der Stadt, das vor allem mit Rattanmöbeln eingerichtet war. Ich nahm einen Schreibtisch voller Bücher, einen Maltisch mit chinesischen Pinseln und ein kalligraphisches Wandgemälde wahr, auf dem zu lesen stand: »Ein edler Raum muss nicht groß sein, und in einem Garten voller Duft müssen nicht viele Blumen wachsen.«

»Bist Du an Feng Shui interessiert oder willst Du etwas über das Glück wissen«, fragte er mich mit strengem Blick. Meister Bai war dünn, groß und weißhäutig und wenn man ihn genau betrachtete, erinnerte vor allem sein Lächeln an die alten Bilder der Gelehrten, die immer freundlich, aber auch etwas distanziert dargestellt wurden. »Ich möchte wissen, was das Leben ist und welchen Einflüssen es ausgesetzt ist«, antwortete ich höflich. »Deine Tochter gleicht einem unpolierten Jadestein«, flüsterte Meister Bai meinem Vater zu. »Aber ich kann ihn vielleicht zum Glänzen bringen.« Mein Vater nahm mich zur Seite und gab mir einige Hinweise, wie ich mich nun zu verhalten hatte. Und so trat ich vor, legte meine Handinnenflächen vor der Brust zusammen, verneigte mich tief und sprach: »Meister, ich bitte Euch, zeigt mir den Weg der Lebensharmonie auf.« »Du kannst gerne meine Schülerin werden«, sprach er mit tiefer Stimme und beugte sich zu mir vor, »wenn Du auch den Worten Deines Vaters folgst und mir versprichst, Dein Wissen nicht nur für Dich zu behalten, sondern auch andere daran teilhaben zu lassen.«

Das Erste, das ich lernte, war die Tatsache, dass es zwei Grundbausteine im Universum gibt: *Yin* und *Yang*. Yin wird vom Weiblichen, von der Dunkelheit, der Erde, dem Mond, der Einheit, der Kälte, der Trauer, der Nacht etc. verkörpert, während Yang für das Männliche, die Helligkeit, den Himmel, die Sonne, die Veränderung, die Hitze, den Tag usw. steht. Stehen Yin und Yang in Harmonie miteinander, entsteht automatisch Positives. Sind sie nicht in Balance, ereignet sich Negatives. Das Studium von Feng Shui ist somit nichts anderes als die Lehre von der perfekten Harmonie der Wesen und Dinge.

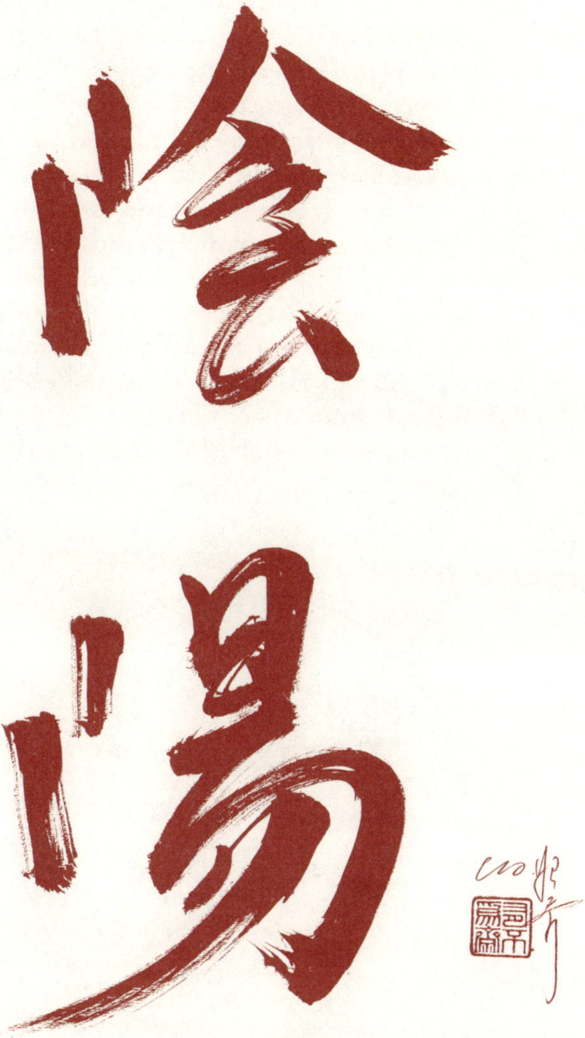

Yin und Yang

Yin und Yang, so erkannte ich bald, aber waren auf die sogenannten *Fünf Elemente* bezogen, die offenbar die sichtbare Basis der Welt darstellten. Diese fünf sind: *Holz, Feuer, Erde, Metall, Wasser.* Jedem Element ist wiederum eine Farbe zugeordnet, in der Reihenfolge: grün, rot, gelb, weiß, schwarz. Die Bezogenheit der Elemente wirkt sich wie folgt aus: Wasser lässt Holz wachsen, Holz lässt Feuer brennen, Feuer bringt Asche hervor, aus Asche wird Erde, wo Erde ist, da ist Metall, wo Metall ist, Wasser. Dies nennt man den konstruktiven Kreislauf. Es gibt aber auch einen destruktiven und der hört sich folgendermaßen an: Wasser kann Feuer auslöschen, Erde kann Wasser vertrocknen lassen, Metall kann Holz spalten, Holz kann die Erde verletzen, Feuer kann Metall zum Schmelzen bringen.

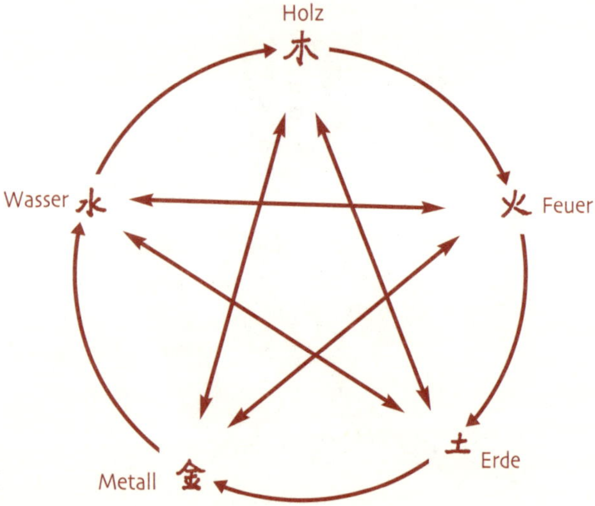

Die Reihenfolge der Fünf Elemente

Je mehr ich im Laufe der Zeit in die Welt des Feng Shui eintauchte, umso mehr verstand ich, wie sehr die Fünf Elemente auch die Gesundheit des Menschen beeinflussen, denn ein jedes Element ist einem Organ zugeordnet und jedes Organ wiederum einem unserer Sinne:

Holz	- Leber	- Sehen
Feuer	- Herz	- Schmecken
Erde	- Milz	- Tasten
Metall	- Lunge	- Riechen
Wasser	- Nieren	- Hören

Das Schwierigste am Studium des Feng Shui ist, all die Informationen, die man erhält, richtig einordnen zu können, um sie für das eigene Wohlergehen und das anderer einzusetzen.

»Vergiss nie«, sagte Meister Bai eines Tages, »dass alle Wesen zwischen dem Himmel und der Erde gleich sind, dass keines höher oder niedriger als das andere ist und dass wir alle nur lernen können, das, was wir haben, wertzuschätzen, und das, was andere haben, zu achten. Wenn man dies beherzigt, dann findet man seinen Platz im Leben. Und hat man diesen schließlich gefunden, dann kann man alles, was man in der Feng-Shui-Lehre an Wissen erworben hat, einsetzen, um ein Haus zu bauen und eine Familie zu gründen, die wiederum anderen Glück bringen kann.« Dann nannte er mir einige zu beachtende Gesetze, welche die taoistischen Priester durch jahrhundertelange Beobachtung der Natur und ihrer Bewohner herausgefunden hatten:

1. Der Grund und Boden

sollte fest sein, niemals auf halber Berghöhe gelegen, niemals am Fuß eines Berges, niemals auf einem Kliff, niemals an einer Flussmündung, niemals in der konkaven Seite eines Flusses, niemals eine Dreiecksform ausweisen, und niemals solle der vordere Teil höher liegen als der hintere.

2. Das Eingangstor

sollte niemals zur Straße blicken, niemals auf einen großen Baum gerichtet sein, niemals auf einen Elektromasten, niemals auf eine Sackgasse, eine Kirche oder einen Tempel; und das gegenüberliegende Gebäude solle nicht wesentlich höher sein als das eigene.

3. Das Schlafzimmer

Die Matratze sollte nicht direkten Kontakt mit dem Boden haben, das Bett selbst nicht zur Eingangstüre oder zum Fenster blicken, es sollte sich auch nicht neben der Türe oder unterhalb des Fensters befinden, über dem Bett sollte keine Lampe hängen, das Licht selbst sollte nicht zu grell sein, das Bett sollte nicht genau unter dem Hauptdachbalken stehen und nicht auf einen Spiegel gerichtet sein. Die Türe zum Schlafzimmer sollte sich nicht in der Nähe der Küchentüre oder der Eingangstüre befinden.

4. Das Wohnzimmer

Der Hauptdachbalken sollte nicht sichtbar sein, die Lampen rund; es sollte genügend Platz vorhanden sein, herumzugehen. Alle Einrichtungsgegenstände sollten zum Charakter und zur Lebenseinstellung des oder der Bewohner passen.

5. Das Kinderzimmer

Es sollte eher im Osten oder Süden des Hauses liegen und mit warmen Farben ausgestattet sein. Am besten wäre es, wenn die Morgensonne den Raum erleuchten könnte. Es sollte nur eine Türe geben.

6. Die Küche

Herd und Spülbecken sollen nicht nebeneinanderliegen (Feuer und Wasser sind Feinde!) und - wenn möglich - auch nicht auf derselben Linie. Der Herd im Osten oder Süden ist günstig, das Spülbecken demnach im Westen oder Norden.
Keine Nähe zum Schlafzimmer! Der Eingangstüre sollte keine andere Türe direkt gegenüberliegen.

7. Das Badezimmer

Wenn möglich, sollte es im Westen oder Norden des Hauses liegen. Auch die Toilette sollte in einer dieser beiden Himmelsrichtungen zu finden sein. Die Türe sollte nicht zum Haupteingang zeigen und nicht auf die Küchen- oder Schlafzimmertüre. Die Toilette sollte beim Betreten nicht sofort sichtbar sein, also der Türe nicht gegenüberliegen.

8. Die Wohnungstüre

Sie sollte nicht auf einen Spiegel führen und dem Badezimmer, der Küche oder dem Schlafzimmer nicht direkt gegenüberliegen. Sie sollte auch nicht auf eine Treppe zeigen, die nach unten führt.

Alles, was mir Meister Bai und mein Vater in Sachen Feng Shui vermittelten, bestimmte mein kommendes Leben. Diese Lehre ist freilich derart umfassend, dass ich hier nur ganz wenige Einblicke gewähren kann - mehr darüber findet man in meinem Buch »Feng Shui - Gesund und glücklich wohnen«. Warum die Beschäftigung mit Feng Shui sinnvoll ist, mag man schon daran erkennen, dass eine der wichtigsten Herausforderungen, denen sich der moderne Mensch stellen kann, das Verständnis der Natur ist. Denn obwohl er ein Teil des Gesamtgefüges ist, hat er sich so weit von ihr entfernt, dass er es nicht mehr - oder nur noch ganz selten - vermag, das heilende Prinzip der Natur zu erkennen. Selbst in seiner Freizeit vergisst er, dass er sich »außen« besser fühlt als »innen«. Feng Shui dagegen lehrt, mit welch einfachen Mitteln man sich in den Kreislauf allen Lebens einfügen und aus ihm die benötigte Kraft schöpfen kann. Es ist nicht schwer, gesund zu bleiben und glücklich zu werden, man muss nur die Augen öffnen und die Prinzipien, die einen umgeben, erkennen und für sich fruchtbar machen. Denn die Kraft der Natur ist die Kraft des Lebens selbst, und wer im Einklang mit der Natur lebt, steht im Einklang mit sich selbst - was immer gut ist, auch und gerade wer im Geschäftsleben erfolgreich sein möchte, wie die folgenden Überlegungen zeigen.

Leben

Geld hat vier Beine

Ein altes chinesisches Sprichwort sagt: »Die Menschen haben zwei Beine, das Geld hat vier.« Stellt man sich dies bildlich vor, bedeutet es, dass das Geld wesentlich schneller ist als die, die hinter ihm herjagen, und es deshalb sehr schnell geschehen kann, dass man sein Ziel nicht erreicht.

Trotz dieser eigentlich einfachen Einsicht können die meisten von uns dem Wunsch, das Geld einholen zu wollen, nicht widerstehen, selbst dann nicht, wenn sie schon einige Erfahrungen mit des Geldes Beinen gemacht haben. Das Laufen selbst gleicht dann einem immer wieder neu beginnenden Marathon.

Und ganz gewiss gehört auch dies zum Wesen des Menschen: Je mehr einer haben kann, umso mehr braucht er offenbar, und je schneller einer laufen kann, desto schneller wird er auch sein. Um nun sicherzugehen, dass man sich auf dem richtigen Laufkurs befindet und dabei wenig riskiert, haben die Chinesen eben ihre Feng-Shui-Lehre, die sie mit Freuden auch im Geschäftsleben einsetzen, damit konstanter Erfolg garantiert ist. Hauptsächlich kommt das Geschäfts-Feng-Shui heute in Hongkong, Taiwan, Singapur, Malaysia und Japan zur Anwendung, aber auch immer mehr Firmen in westlichen Staaten wollen an diesem Wissen partizipieren. In Asien findet Feng Shui seinen stärksten Ausdruck in außergewöhnlichen architektonischen Bauten (etwa Banken), die zum Erfolg der Bauherren, der Regierungen, der Bewohner beitragen sollen. Wenn man die Entwicklung der »Vier Drachen der internationalen Ökonomie«, wie man die asiatischen Schwellenländer oder Tigerstaaten auch bezeichnet, betrachtet, so kann man den positiven Einfluss der Feng-Shui-Lehre auf das Geschäftsleben nicht länger ignorieren. Und wenn nach Tausenden von Jahren die Menschen solche Regeln nach wie vor befolgen, dann muss an der Lehre doch etwas mehr daran sein, als manche vielleicht meinen möchten.

Im Folgenden werde ich versuchen, das Wichtigste für den Geschäftsbereich vorzustellen, damit ein jeder dem Geld hinterherlaufen kann - und es ohne Risiko vielleicht sogar einzuholen vermag.

Um in *Finanzangelegenheiten* erfolgreich zu sein, bedarf es der richtigen Lage des Geschäftes, der richtigen Partner, der geeigneten Einrichtung und der sichersten Strategie. Zunächst zur Positionierung:
Ein Geschäft/Laden/Lokal sollte niemals direkt an einer Kreuzung liegen, auch nicht am Ende einer Straße, gegenüber einer Einmündung, am Außenufer eines Flusses, unterhalb einer natürlichen Erhöhung oder gegenüber einem Gebäude, das höher ist.

Den *rechten Geschäftspartner*, mit dem man harmoniert, findet man, indem man auf die vorher erwähnte Fünf-Elemente-Lehre zurückgreift. Den genannten Elementen sind nämlich auch Zahlen zugeordnet:
Holz 1, 2 – Feuer 3, 4 – Erde 5, 6 – Metall 7, 8 – Wasser 9, 0.
Um nun herauszufinden, wer als Geschäftspartner zu einem passt, muss man zu rechnen beginnen, damit man das jeweilige Element bestimmen kann. Für Männer gilt dabei: 100 minus die beiden letzten Zahlen des

Geburtsjahres. Das Ergebnis wird dann durch 9 geteilt. Die Zahl hinter dem Komma (der »Rest«) ist dann die entscheidende Elementezahl und man kann leicht herausfinden, welches Element zum eigenen passt. Für Frauen gilt: Von den beiden letzten Ziffern des Geburtsjahres wird die 4 abgezogen und das Ergebnis durch 9 geteilt. Auch hier ist dann die Zahl hinter dem Komma von Bedeutung und man muss sein eigenes Element kennen, um festzustellen, ob die Beziehung harmonisch und somit gewinnbringend sein wird. Ein Beispiel: Ist Ihr Partner Feuer und Sie sind Wasser, so werden Sie wahrscheinlich nicht sehr viel Freude an- und miteinander haben, da diese beiden Elemente Gegner sind. Ist er dagegen vom Element Erde geprägt, wird die Sache gut gehen.

Auch die den Elementen zugeordneten Farben, wie wir sie oben vorgestellt haben, spielen beim *Geschäfts-Feng-Shui* eine große Rolle. Diese Farben sollten für alles verwendet werden, womit man im Büro zu tun hat, da es sich ja um den täglichen Arbeitsplatz handelt. Dort gilt es allerdings noch weitere Regeln zu beachten: Der Schreibtisch etwa sollte so aufgestellt sein, dass man hinter sich keinen Spiegel, keine Türe und auch kein Fenster hat. Die beste Position ist vor einer mit den passenden Büchern bestückten Wand. Der Computer sollte niemals in der Mitte des Raumes aufgestellt werden. Bei der Platzierung der Möbel müssen die Himmelsrichtungen miteinbezogen sein, denn auch sie sind auf die jeweiligen Elemente bezogen:

Holz = Osten	Metall = Westen
Feuer = Süden	Wasser = Norden
Erde = Mitte	

Das sind natürlich nur die grundlegenden Regeln für den durch Feng Shui mitverursachten finanziellen Erfolg, aber sie genügen schon, solange man sie nicht für esoterischen Unfug hält.

Was nun noch fehlt, ist die *rechte Strategie*. Auch hier gibt es im alten China eine Quelle, die man am besten mit »Lächelnder List« umschreiben kann und deren Lehrsätze unter dem Namen »Strategeme« bekannt sind. Ich habe diesen weiter hinten einen ganzen Abschnitt gewidmet. Strategeme entstammen einer Zeit, in der China noch nicht geeint war und die verschiedenen Herrscher sich gezwungen sahen, immer wieder neue Kriegslisten zu entwickeln. Die meisten davon sind heute sprichwörtlich geworden und wurden auch schon früher auf das Alltags- und Geschäftsleben angewandt. Ein Beispiel:

> Der Händler Tu-An-Gu wollte reich und berühmt werden. Daher besann er sich einer jener Listen, die besagt: »Was andere wertschätzen, missachten; was andere missachten, wertschätzen.« Er kaufte nun meistens Dinge, für die niemand Verwendung hatte, und lagerte sie ein, um sie dann, wenn sie plötzlich heiß begehrt waren, mit hohem Gewinn zu veräußern. Als es einmal eine Überproduktion an Reis gab und der Preis für dieses Grundnahrungsmittel immer weiter fiel, kaufte Tu-An-Gu so viele Säcke, wie er nur bekommen konnte, und lagerte sie ein. Ein Jahr später fiel die Reisernte verheerend aus, der Preis stieg und stieg, und der kluge Händler verkaufte seinen Lagerbestand mit riesigem Gewinn. Doch sein Reichtum befriedigte ihn nicht, er wollte auch respektiert werden. Des-

halb begann er in den verschiedenen Staaten des Landes umherzureisen. Seine List hieß nun: »Anderen zeigen, wer man ist.« Wo immer er hinkam, fuhr er mit der teuersten Kutsche vor, er hatte viele Diener bei sich und war auffällig gut angezogen. Schnell verbreitete sich die Nachricht vom reichen Händler, den plötzlich alle wichtigen Leute als Gast empfangen wollten, um mit ihm Geschäfte zu machen, was ihm weiteren Reichtum eintrug. Nun aber wollte er, dass sein Name für immer geachtet werde, weshalb er viel Geld in das Werk von Künstlern investierte, die dadurch berühmt wurden. Aber mit ihrem Ruhm war auch immer der Name ihres Gönners verbunden, den noch heute, nach über eintausend Jahren, jedermann in China kennt.

Man sieht also: Mit der richtigen Strategie lohnt es sich doch, dem Geld hinterherzulaufen, auch wenn es schneller ist als man selbst. Solange man sich dieser Tatsache bewusst ist, sind auch zwei Beine schnell genug.

Nicht nur Listen helfen, das Feng Shui zu optimieren, es können auch Haustiere sein, wie die Chinesen ebenfalls seit jeher wissen, nur dass es bei ihnen hauptsächlich die Vögel sind. Für den Westen habe ich das alte Wissen bezüglich der Haustiere aufbereitet, damit man versteht, wie sehr das Chi verbessert werden kann, wenn man mit dem richtigen Genossen sein Zuhause teilt.

Tierglück

Das Glück wedelt mit dem Schwanz

Tiere, speziell Haustiere, tun dem Menschen gut. Sie helfen ihm, sein inneres Gleichgewicht zu finden, Phasen der Trauer und Niedergeschlagenheit besser zu überwinden und allgemeine Lebensfreude zu entwickeln. Wie aber findet man heraus, welches Tier am besten zu einem passt? Soll es eine Katze sein oder ein Hund, ein Hamster, eine Schildkröte oder doch lieber einige Kanarienvögel? Und woher kommt es, dass unsere Mitgeschöpfe sogleich zu einer spürbaren Verbesserung unserer Lebensqualität beitragen? Auch hier kennt Feng Shui die Antwort.

Wenn Menschen mit Tieren zusammenleben, so bedeutet das für beider Chi, von dem wir weiter oben hörten, eine Bereicherung, da die Lebenskraft wechselseitig verstärkt wird. Voraussetzung freilich ist, dass man genau das Tier gefunden hat, das am besten zu einem passt. Und genau hier hilft uns die Fünf-Elemente-Lehre, von der wir ebenfalls schon gesprochen haben.

Zunächst einmal muss geklärt sein, ob das Tier männlich oder weiblich sein soll. Gemäß der Ergänzungslehre von Yin und Yang gilt dann das Gesetz von der Anziehung der Gegensätze, also z. B. eine Hündin für einen Mann, ein Rüde für eine Frau, selbstverständlich in differenzierter Form und auf die jeweiligen Lebensverhältnisse abgestimmt. Das Gleiche gilt für Katzen. Der zweite Schritt besteht darin, herauszufinden, welche Rasse am besten zu einem passt. Für einen Hundeliebhaber gilt: Man bestimmt zunächst das eigene Element (wie das geht, habe ich weiter vorne aufgezeigt). Daraus ergibt sich die charakterliche Haupttendenz. Diese wird nun mit dem wichtigsten Charaktermerkmal der jeweiligen Rasse in Beziehung gesetzt sowie mit dem Element, dem die Rasse angehört. Diese sind:

Holz: Arbeits- und Gebrauchshunde
(z. B. Husky, Schäferhund)

Feuer: Zwerghunde
(z. B. Pudel, Spitz)

Erde: Jagd- und Laufhunde
(z. B. Spaniel, Windhund)

Metall: Wachhunde
(z. B. Dobermann, Rottweiler)

Wasser: Rettungs-, Dienst- und Begleithunde
(z. B. Neufundländer, Bernhardiner)

Ein Beispiel: Zu einem Menschen mit dem Element Metall passt am besten ein Hund mit dem Element Wasser, da hier die Reihenfolge positiv ist (»Wo Metall ist, ist Wasser«), ein Husky dagegen wäre nicht richtig, weil Holz und Metall Feinde sind. Für Mischlinge gilt übrigens die jeweils am meisten hervorstechende Eigenschaft und das Haupterscheinungsbild.

Die Frage, welche Katze zu wem passt, muss genauso behandelt werden wie beim Hundethema. Es ergibt sich somit folgende Einteilung:

Holz: Burmesen

Feuer: Perser

Erde: Europäisch Kurzhaar

Wasser: Halblanghaar wie z. B. Maine Coon oder Norwegische Wildkatze

Metall: Orientalisch Kurzhaar

Eine Mehrkatzenhaltung ist unter Feng-Shui-Gesichtspunkten durchaus zu empfehlen, sofern die Katzen zusammenpassen. Wesentlich für diese Zuordnung sind die speziellen Charaktereigenschaften der Katzen wie Anhänglichkeit (Erde), Höflichkeit und Individualität (Feuer), Intelligenz (Wasser), Mut (Metall) und Freundlichkeit (Holz). Bei Mischlingen sind auch bei Katzen die hervorstechendsten Eigenschaften ausschlaggebend.

Aber auch andere kleine Mitbewohner haben ihr eigenes Element: Vögel gehören zu Feuer, Kaninchen und Meerschweine zu Erde, Fische zu Wasser und Schildkröten zu Holz.

In der Feng-Shui-Lehre taucht auch immer wieder das Aquarium auf. Die Ursache hierfür liegt darin, dass Fische und Wasser die »Quelle des Reichtums« sind, also das Chi aktivieren, vor allem bei jenen Menschen, die aufgrund ihrer Geburtszahl das Element Wasser benötigen. Für solche Personen ist es oft besonders günstig, am richtigen Ort ein solches Aquarium aufzustellen. Es sollte aber möglichst rund oder zumindest quadratisch sein, nicht rechteckig, und die Zierfische, die darin leben, farbenprächtig und langlebig.

Das Chi eines Hauses oder einer Wohnung muss mit dem seiner Bewohner harmonieren; das gilt nicht nur für Menschen, sondern auch für deren »besten Freunde«, die Haustiere, deren Chi wiederum mit dem ihrer Bewohner in Einklang stehen sollte. Denn in der Feng-Shui-Lehre bedeutet das Zusammenleben mit einem Haustier in Harmonie und Ausgeglichenheit den Höhepunkt des Glücks für den Menschen. Wir sollten den Tieren dafür dankbar sein.

MITGEFÜHL
IM
HERZEN
BUDDHAS

Fällt der Mond auf das Dach,
schimmert es golden.
Und die Glocken verkünden
über das ganze Tal,
wo der Tempel steht.

IN DER MITTE SEIN

Das zweigeschossige Haus im portugiesischen Kolonialstil lag in der Mitte der alten Tempelstraße. Seine roten Ziegelsteine bildeten einen schönen Kontrast zu seinem grünen, nach oben hin geschwungenen Dach und die unterhalb desselben angebrachten Verzierungen verliehen dem gesamten Gebäude einen Hauch von Wichtigkeit. An der Vorderseite war ein Balkon angebracht, als dessen Gitter eine Reihe von jadegrünen Vasen diente.

Dieser Ort war der höchste begehbare Punkt der Stadt, in der meine Großeltern väterlicherseits lebten. Wir Enkelkinder liebten es, von hier aus das Geschehen in den anderen, nur eingeschossigen Häusern sowie die vorübereilenden Passanten zu betrachten. Meine Großeltern hatten eine kleine Fabrik, in der sie Papiergeld aus Bambus herstellten, freilich nicht solches, das man im alltäglichen Leben ausgeben konnte, sondern solches, mit dem man die Götter in den Tempeln beschwichtigte, und solches, das für die Toten gedacht war. Dieses Geld für eine andere Welt hatte es mir besonders angetan. Oft beobachtete ich meine Großeltern bei der Herstellung dieser sonderbaren Scheine für jene Welt, die wir weder sehen noch berühren können und von der wir gleichwohl überzeugt sind, dass sie existiert. Auch die Überlegung, dass man Götter mit Geld bestechen könne, um ihren Segen für alles, was man vorhat, zu erkaufen, ist bei uns weit verbreitet, was natürlich dem Geschäft meiner Großeltern nicht gerade abträglich war. Am meisten aber amüsierte mich die Vorstellung, dass auch die Dahingeschiedenen nach wie vor Geld bräuchten; je mehr sie davon durch ihre Verwandten erhielten, desto besser würde es ihnen in der anderen Welt ergehen.

Wie aber kamen sie in den Besitz desselben? Nun, es wurde einfach vor dem Grab verbrannt. Der Rauch konnte dann aufsteigen und ungehindert dorthin treiben, wo er seiner Bestimmung nach hinsollte. Dieses Ereignis wurde von der gesamten Familie bei einem Totenbankett gefeiert, bei dem köstliche Speisen aufgetragen wurden. So gab es etwa Shitake-Pilze in Sojasauce, süß-saure Gurken, Karotten, Radieschen und Bambussprossen, gedünstete Hühnerbrust, Tofu in allerlei Formen und natürlich als Dessert den berühmten Mandelpudding.

»Jeder von uns kommt mit derselben Begabung in diese Welt«, pflegte meine Mutter dann immer zu sagen, nämlich mit der Fähigkeit, zu lieben, zuzuhören, zu lernen, etwas zu tun, zu geben und zu nehmen. Um in Harmonie zu leben, ist es nötig, diese Begabungen gleichermaßen zu entwickeln. Wer die Liebe versteht, kann andere lieben und von ihnen wiedergeliebt werden. Und wer zuhören kann, ist besonders reich, denn er kennt die Herzen der Menschen, was ihn erfolgreich und glücklich machen wird. Er wird tun können, was ihm zu tun aufgetragen ist, und er wird geben können und dabei Freude empfinden, genauso wie er nehmen kann, ohne sich dafür zu schämen. Er wird aber auch die Sprache aller Wesen und somit die der Natur verstehen, was ihn befähigt, zum Geheimnis von Leben und Tod vorzudringen. Dann entzündete sie einige Scheine und warf sie in den eisernen Feuertopf, um die jenseitige Welt mit ihren guten Gedanken zu versorgen.

Das Ausstatten der Ahnen mit Geld für ihr Dasein im Jenseits kommt aus der Tradition des Mitgefühls. Und diese besagt, dass man mit jedem Wesen fühlen soll, egal, ob es hier oder »auf der anderen Seite« (die Welt, die Buddha nach dem Erwachen sah) lebt. Mitgefühl mit allen Geschöpfen ist gewissermaßen die Grundvoraussetzung für jemanden, der Buddhist sein möchte, d. h. sich jener Religion, die keine Religion ist, zugehörig fühlt. Der Buddhismus ist eine Lebensphilosophie, die auf sieben Säulen beruht: Glaube, Demut, Lernbereitschaft, Selbstlosigkeit, Weisheit, Achtsamkeit und Ehrgefühl.

Vor allem die Selbstlosigkeit ist die schwierigste aller Übungen, denn sie besagt ja, sein Selbst, sein Ego loszuwerden, (auch) damit man die Leiden verringert. Buddha hatte erkannt, dass alles Leid von einem selbst ausgeht und dass es nicht mehr existiert, wenn man sich selbst überwunden hat. Der moderne Lama Ole Nydahl drückt dies so aus: »Kümmerst Du Dich um Dich selbst, hast Du ein Problem, kümmerst Du Dich um andere, hast Du eine Aufgabe.« Wenn wir erkennen, dass wir ein Leben zum Wohle aller Wesen führen können, dann werden wir unser Selbst mit Freuden ablegen und uns ganz auf das konzentrieren, was wir anderen an Gutem tun können.

Um sich selbst loszuwerden, hilft die Meditation. Meditieren bedeutet wörtlich »in der Mitte sein«; dies aber meint nicht unbedingt, einfach nur dazusitzen und die Gedanken vorbeiziehen zu lassen. Vielmehr geht es darum, den Geist völlig zu entleeren, um den grenzenlosen Raum zu erfassen und darin Freude zu empfinden, an der man andere teilhaben lassen kann.

Am besten geht man dabei folgendermaßen vor:

- Suchen Sie einen sauberen und ruhigen Platz in der Wohnung auf, an dem Sie sich besonders wohl fühlen.

- Waschen Sie Ihre Hände und Ihr Gesicht (das hat symbolische Bedeutung: Sie reinigen sich).

- Ziehen Sie möglichst bequeme, nicht synthetische Kleidung an. Legen Sie die Schuhe ab.

- Lassen Sie sich auf einem möglichst bequemen Kissen nieder, auf dem Sie problemlos längere Zeit sitzen können. Es ist nicht nötig, dass Sie die Lotussitzhaltung einnehmen. Sie können auch im Schneidersitz Platz nehmen.

- Neigen Sie den Kopf leicht nach unten und schließen Sie die Augen.

- Entspannen Sie die Schultern.

- Formen Sie die Hände zu Schalen und legen Sie sie etwas unterhalb des Nabels übereinander, ohne dass sie sich berühren.

- Atmen Sie nur durch die Nase.

- Atmen Sie nun alles Schlechte (Gedanken, Gefühle, Energien etc.) auf einmal vollständig aus.

- Atmen Sie daraufhin alles Gute ganz langsam ein.

- Atmen Sie wieder aus und wieder ein. Atmen Sie möglichst geräuschlos und möglichst langsam.

- Nun ist Ihr Atem selbstverständlich geworden und ist mit Ihnen vereint.

- Versuchen Sie, mit dem Denken aufzuhören. Das ist zwar das Allerschwierigste, vor allem weil sich immer wieder Gedankenfetzen zu Wort melden, aber es lohnt sich, es zumindest zu probieren. Das Ziel der Übung besteht darin, »leer« zu werden. Wenn Sie sich allein auf das Atmen konzentrieren, wird es Ihnen leichter fallen, sich von Ihrem Denken zu lösen.

- Wenn Ihnen dies nicht möglich ist, dann verwenden Sie folgendes Hilfsmittel: Suchen Sie sich entweder ein Wort positiven Inhalts (z. B. »Sonnenlicht«, »Glück« etc.) und sprechen Sie es in Gedanken vor sich hin; oder wählen Sie einen der folgenden buddhistischen Meditationstexte, den Sie »gebetsmühlenartig« im Stillen oder murmelnd immer wieder vor sich hin sprechen - so lange Sie wollen.

  Nan Mu Mo Ho Pan Lo Po Luo Mi
  »Große Weisheit, die andere Seite zu erreichen«

  An Wu Loen Ni Sa Po Ho
  »Herz, das nicht zerbrechen kann«

An Sho Do Li Sho Do Li Sho Mo Li Sho Mo Li Sa Po Ho
»Körper ohne Schmerz, ohne Makel, ohne Not, ohne Pein«

An Sho Li Sho Li Mo Ho Sho Li
»Worte ohne Niedertracht, ohne Häme, ohne Ignoranz«

An Fu Ze Luo Do No Ho Hu
»Gedanken ohne Hass, ohne Angst«

En Ma Ni Be Mi Hong
»Ich widme mein Herz Buddha und fühle mit allen Wesen«

Yi Ce Yu Wie Fa Ru Meng Huan Pao Yin
Ru Lu Yi Ru Dian Ying Zuo Ru Shi Guan
»Alles, was es gibt, wird wie ein Traum vergehen, alles, was dem Tau gleicht, wird entstehen«

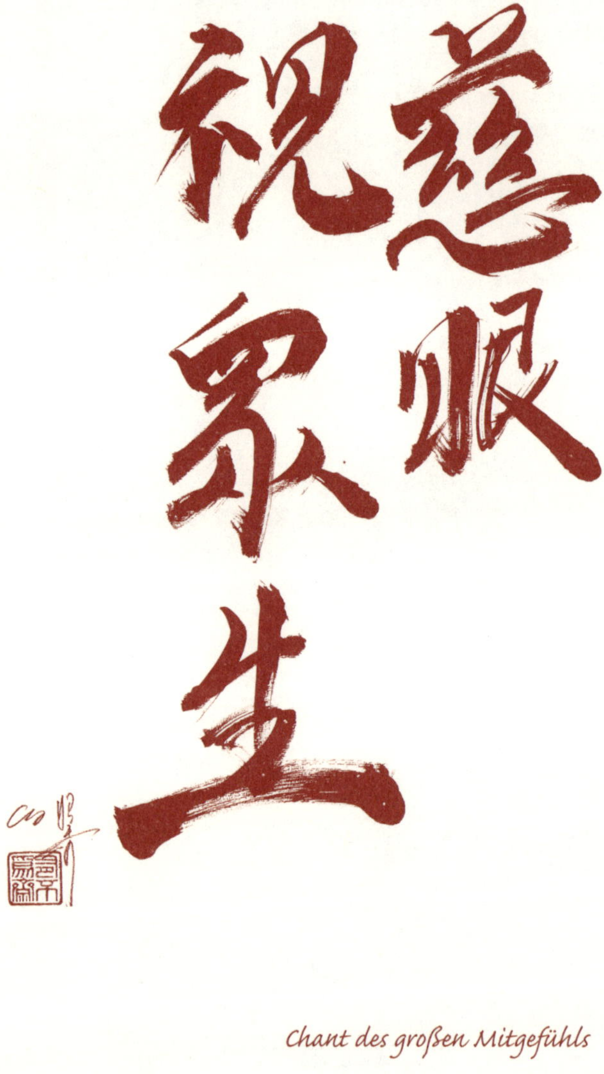

Chant des großen Mitgefühls

Leere und Fülle

Einer meiner Meister, ein buddhistischer Mönch, sagte einmal während eines langen Klosteraufenthalts zu mir:

»Wer das rechte Fühlen kennt, vermag alle Wesen zu verstehen. Denn die Gefühle aller Wesen leben schon in Deinem Gefühl. Siehst Du Menschen gute oder schlechte Taten ausführen, so sollten weder die guten noch die schlechten Taten Dich berühren. Wenn Dein Herz die Leere kennt, kennt es auch die Fülle. Die Leere ist das große Fühlen. Das große Fühlen ist Liebe. Die Fülle ist das große Fühlen. Das große Fühlen ist Mitgefühl. Es ist überall. Wenn Du es lebst, nimmt es Gestalt an und wird sichtbar. Damit erreichst Du jedes Wesen. Alle Wesen sind eins. Eins sind alle Wesen. Das Mitgefühl ist frei. Es ist in Deinem ganzen Sein. Es stammt aus Dir selbst und tritt nicht von außen auf Dich zu, auch wenn es überall ist. Es ist überall, weil Du überall bist. Das Mitgefühl ist sichtbar, aber es hat keine bestimmte Form. Und doch sieht es wie die Liebe aus, weil es die Liebe ist. Das Mitgefühl ist wie der Staub, den Du täglich von der Treppe kehrst. Nach Deiner Arbeit meinst Du, er sei fort, doch am nächsten Tag ist er wieder da. So ist die Liebe: Auch wenn Du sie nicht siehst, ist sie hier. Das Mitgefühl lebt im Herzen Buddhas. Buddha ist Erwachen. Erwachen in Liebe. Alle Lebewesen bedürfen ihrer, um das Leid zu überwinden und an die andere Seite zu gelangen.«

Fülle

Sieben Gefühle

Im Buddhismus unterscheidet man sieben Gefühle, welche das menschliche Leben bestimmen:

Glück
Ärger
Trauer
Freude
Neigung
Abneigung
Streben nach Besitz

Wenn nun diese Gefühle eines sind, werden Leid und Liebe gleich. Und wenn Leid und Liebe eines sind, wird aus Liebe Mitgefühl.

Ohne Mitgefühl gibt es keine Geburt.
Ohne Mitgefühl gibt es keine Genesung.
Ohne Mitgefühl gibt es keine Erfüllung im Alter.
Ohne Mitgefühl gibt es keine Wiedergeburt.

Durch die Wiedergeburt schließt und öffnet sich der Kreis.

Für ein gesundes und glückliches Leben ist Mitgefühl (nicht zu verwechseln mit Mitleid!) eine Grundvoraussetzung, ebenso wie für eine gesunde und glückliche Wiedergeburt.

VON DER WEISHEIT DES BAMBUS

Lass Dich vom Klang des Blattwerks
nicht verwirren,
wenn Du durch die Bambuswälder streifst.
Singe stattdessen und sprich Gedichte,
während du langsam vorwärtsschreitest,
den Bambusstab fest in Deiner Hand,
die Füße umhüllt mit seinen Blättern.
Schöner ist dies, als auf eines Pferdes Rücken
die Welt zu sehen.
Drum bitte Wind und Wasser,
des Lebens Weg Dir aufzuzeigen.

Tusche, Wasser, Reispapier

Das Dunkelgrün der Berge
lässt den Strom von weitem schon erstarren,
die Schönheit der Natur
bringt ein kleines Boot herbei,
aus dem Himmel steigt ein Gedicht herab,
das die schlafenden Möwen weckt.

Gedichte dieser Art findet man in kalligraphischer Schrift oft auf chinesischen Bildern, ja sie sind sogar Teil von ihnen. Der Maler drückt dadurch das aus, was ihn im Innersten bewegte, als er zum Pinsel griff. Danach muss er die Szene gar nicht mehr betrachten, um sie zu erfassen, sondern er lässt den Pinsel über das (Reis-)Papier tanzen, als würde er das gesamte Universum dirigieren. Berge und Hügel entstehen in seinem Geist, Wolken und Dunst werden durch seine Tusche lebendig, und plötzlich ist alles, was aus der Einheit von Pinsel, Tusche und Papier entsteht, einfach da, als wäre es immer schon da gewesen.

Der Hauptunterschied zwischen der chinesischen und der westlichen Malereiauffassung besteht vor allem darin, dass die chinesische keinen Wert auf Ausleuchtung, Proportionen oder Dimensionen legt. Im Gegenteil: In einem chinesischen Stillleben etwa kann ein Pfirsich größer sein als eine Teekanne, ein Hase wuchtiger als ein Berg, ein Wasserfall kleiner als ein Fisch. Dies bedeutet freilich nicht, dass der Maler nichts von Proportionen verstünde, er zeigt durch die Verschiebung aber auf, was für ihn wirklich wichtig ist. In den Werken der Surrealisten, etwa denen von Salvador Dali, geschieht dies interessanterweise ebenso. Ein weiterer Unterschied ist die Einteilung: Während die westliche Malerei stets bemüht ist, ein Gleichgewicht der Motive auf der Leinwand oder dem Papier zu schaffen, um eine gewisse Harmonie zu schaffen, kann es bei der chinesischen geschehen, dass ein Teil des Papiers einfach leer bleibt, während der andere übervoll erscheint. Auch hier versucht der Künstler, eine Harmonie zu schaffen, die eben etwas anders ist als die westliche, was übrigens auch für die Musik gilt. Und wer eine chinesische Laufwaage betrachtet, wird erkennen, wie raffiniert sie konstruiert ist: Ein großes Ding wird durch ein kleines in Balance gehalten – etwa ein schweres Bündel Feuerholz durch einen kleinen Eisenhammer. Chinesische Kunst und Kunstfertigkeit kennen eben eine ganz besondere Form der Harmonie.

Die Linie an sich spielt in der chinesischen Kunst eine so bedeutende Rolle, dass man hier durchaus sagen kann, Kalligraphie und Malerei entstammen derselben Quelle. Deshalb beschäftigt sich jeder, der Malerei studiert, auch mit Kalligraphie, da man hier lernt, einen Berg, ein Tier oder was auch immer durch einen einzigen Strich darzustellen und es dadurch zum Leben zu erwecken.

In vier Gruppen ist die chinesische Malerei unterteilt: *Ren wu*, die Darstellung des Menschen, *Hua niao*, die Blumen- und Vogelabbildung, *Shan shui*, die Landschaftsmalerei, und *Jing wu*, das Stillleben. Doch was immer einer malt, das Wichtigste ist dabei die moralische Auffassung des Künstlers, die automatisch in der Konzeption seines Werkes auftaucht. So riskiert der Künstler etwa, dass ein Porträt zu sehr einer Photographie gleicht, ein Blumen- oder Vogelbild zu einer wissenschaftlichen Studie wird, eine Landschaft eher einer Landkarte gleicht oder ein Stillleben ohne Leben ist.

Der weise Konfuzius sagt: »Ein gutherziger Mensch liebt die Berge, ein weiser das Wasser.« Die Natur zu lieben ist der erste Schritt, ein bedeutender Künstler zu werden, der zweite besteht darin, diese Liebe zu pflegen, und der dritte lässt diese Liebe zu Gutherzigkeit und Weisheit anwachsen.

Malerei an sich ist aber auch Meditation und somit geeignet, dem eigenen Leben und dem Leben an sich etwas besonders Erfüllendes hinzuzufügen. Deshalb gehören Kalligraphie und Malerei seit jeher auch zur Ausbildung der feinen chinesischen Gesellschaft, nicht eben, um sich die Zeit zu vertreiben, sondern um den Charakter zu formen.

Charakter

Pinselkunst

Im Folgenden werde ich nun die ersten Schritte zur Pinselkunst darstellen:

- Legen Sie den (chinesischen) Pinsel für etwa fünf Minuten in eine Tasse mit warmem Wasser, so lange, bis die Haare weich sind.

- Nehmen Sie ein Blatt Papier (es muss nicht unbedingt Reispapier sein) und platzieren Sie dieses flach auf Ihren Zeichentisch.

- Ergreifen Sie den Pinsel nun mit Zeige- und Mittelfinger und stützen Sie beide mit dem Daumen, dem Ring- und dem kleinen Finger auf der Rückseite ab.

- Konzentrieren Sie sich und schicken Sie Ihren Atem in das Handgelenk.

- Nehmen Sie nun mit dem Pinsel die Tusche auf, die Sie vorher angerichtet haben (entweder mit dem Tuschestein oder aus der Flasche).

- Drehen Sie den nassen Pinsel in Ihrem Tuschegefäß.

- Bewegen Sie den Pinsel nun kraftvoll über das Papier. Als erste Übung können Sie einen Strich von oben nach unten machen, wobei Sie ausatmen. Unten angekommen, sollte der Pinsel das meiste seines Tintenvorrats aufgebraucht haben, sodass Sie nunmehr mit einem weiteren Ausatmen den Strich nach oben ziehen (siehe Abbildung c).

- Haben Sie dieses des Öfteren geübt, versuchen Sie es mit der Gegenrichtung (siehe Abbildung d).

Abb. a: *Von oben nach unten*

Abb. b: *Von unten nach oben*

- In derselben Weise können Sie nun üben, Linien von links nach rechts und von rechts nach links zu ziehen.

Abb. c: *Von links nach rechts*

Abb. d: *Von rechts nach links*

Die Kunst der gelungenen Pinselführung hängt von der Art und Weise ab, wie Sie atmen. Ähnlich einem guten Tennis- oder Golfspieler sollten Sie während der Einzelaktionen den Atem anhalten, bis Sie das Ergebnis sehen. Nun können Sie mit der Ein-Strich-Methode schon eine Kalligraphie schreiben: Dabei müssen Sie nur kleine Striche von Südwest nach Nordost ziehen oder umgekehrt von Nordost nach Südwest; es geht auch Nordwest nach Südost oder Südost nach Nordwest. Schon haben Sie die Grundelemente der Kalligraphie erlernt (siehe Abbildungen e–h).

Abb. e: *Südwest – Nordost*

Abb. f: *Nordost – Südwest*

Abb. g: *Südost – Nordwest*

Abb. h: *Nordwest – Südost*

Der edle Charakter

Die chinesische Kalligraphie ist auch dafür bekannt, die einzige Schrift zu sein, die einem Bild gleich ist, ihre Verwendung gleicht dem Gebrauch von Juwelen: man sollte nie zu viel oder zu wenig davon tragen und sie müssen sich an der rechten Stelle befinden, sonst klingt der Schlussakkord schrecklich.

Eine gelungene Kalligraphie ist oft schwieriger herzustellen als ein schönes Bild, und es ist nicht nur die Technik, die man dabei anwendet, sondern auch die Kraft und Energie, die im Ergebnis, das man nicht mehr korrigieren kann, sichtbar wird. Diese Technik setzt sich aus drei Komponenten zusammen:
Schieben - Ziehen - Anheben.
Zunächst setzt man den Pinsel an und schiebt ihn nach oben oder unten; dann zieht man ihn in die entgegengesetzte Richtung und schließlich hebt man ihn hoch, um dem Gemälde den »final touch« zu geben. Gleiches gilt für die *Bambusmalerei*, die in der chinesischen Kunst einen enorm hohen Stellenwert einnimmt. Überhaupt ist diese Pflanze etwas Einmaliges, da ihre Verwendungs- und Verwertungsmöglichkeiten so mannigfaltig sind. Weltweit dient er z. B. als Garten oder Zimmerpflanze sowie als Hecke. Aus seinem Holz werden Möbel gefertigt, Essstäbchen, Flöten, Becher, Vasen, Besenstiele, Gardinenstangen, Jalousien, Matten und Wasserleitungssysteme; es gibt sogar Häuser, die ganz aus Bambus errichtet sind. Die Wurzeln des jungen Bambus, die Sprossen, sind als Delikatesse überall auf dem Erdball begehrt, und ohne seine Blätter gäbe es viele asiatische Feinschmeckergerichte nicht. In der

materiellen Welt spielt der Bambus also eine bedeutende Rolle.

Im Westen ist jedoch die Tatsache fast unbekannt, dass der Bambus auch über eine besondere spirituelle Kraft verfügt, die sich aus seinem Wesen ergibt. Er selbst berichtet über sich:

> Seit alters gelte ich als Sinnbild für die edle Wesensart des Menschen. Weder durch Blüten noch durch Früchte suche ich andere zu bewegen; ich besteche und beschwatze keinen. Ich bin, was ich bin: still, genügsam, tief verwurzelt. Auch wenn der Wind all seine Kraft zusammenballt, vermag er mich nur zu beugen, doch brechen kann er mich nicht, denn meine Gelenke sind zu stark. Sie gleichen der Unbescholtenheit und dem gerechten Fühlen der Tugend. Innen bin ich frei von jeder Last und voll von Offenherzigkeit und Leere, Demut und Bescheidenheit. Wie Lao Tse sagt, entspricht diese Leere der Fülle: Nur ein leeres Herz ist stets bereit zu lernen - und alles, was im Innen lebt, trägt zur Seelenfülle bei. »Ohne Essen wird man schwach - ohne Bambus verliert man die Anmut«, so schreibt der Dichter Su Tung Po, der voller Herzensgüte war. Doch um zu diesem edlen Charakter zu gelangen, will ein langer Weg begangen sein. Auch ist es nötig, zu erkennen, welche Gaben sinnvoll auszubauen sind und welche im Verborgenen ruhen mögen. Denn diese Gaben sind der Schlüssel zu der Weisheit, die schon immer in Dir liegt. Und Du allein nur kannst sie erwecken. Wenn ich Dir dabei als Vorbild dienen darf, wird es Dir bald gelingen ...

Edelmut

Wer einmal durch einen Bambuswald mit seinen dreißig bis vierzig Meter hohen Bäumen ging und von dem sich im zarten Blattwerk brechenden Licht beschienen wurde, weiß, wie sehr dieser Baum (nur im Westen handelt es sich um einen Strauch) zu verzaubern vermag. Das Malen von Bambus ist somit auch ein meditativer Akt, und es gibt chinesische Meister, die ihr Leben lang nichts anderes als Bambus in all seinen Formen und Farben malen. Seit jeher gilt der den Asiaten als Sinnbild für eine überweltliche Ordnung, die ihre Entsprechung in der irdischen findet.

Damit ist auch der Einfluss des Bambus auf die chinesische Kultur und die chinesische Lebensart zu erklären, denn der Bambus verbindet nicht nur die Erde mit dem Himmel, sondern sorgt auch dafür, dass die auf der Erde genügend zu essen haben. Mit anderen Worten: Der Bambus ist wahrlich universell.

Wenn Sie feststellen, dass Sie in der Kalligraphie schon genügend Fortschritte erzielt haben, können Sie sich nun auch einmal in der Bambusmalerei versuchen. Dabei gehen Sie zunächst genauso vor wie bei der Kalligraphie.

- Präparieren Sie Pinsel, Tusche und Papier.

- Verwenden Sie dieselbe Methode wie bei der »Von oben nach unten«-Technik.

- Unten angekommen, legen Sie einen »Stopp« ein, heben Sie den Pinsel an.

Bambus: der erste Schritt

- Malen Sie nun drei oder vier Bambusstäbe nebeneinander.

- Halten Sie inne, wenn Sie einen Teil des Bambus gemalt haben, und setzen Sie den Pinsel erneut an, malen Sie weiter.

- Nun halten Sie die Spitze des Pinsels in die Tusche und stärken dieselbe.

- Ziehen Sie jetzt kleine, dünne Linien zwischen den Gelenken des Bambusstabes von links nach rechts.

Bambus: der zweite Schritt

Im alten China hieß es:

» Die Schriftzeichen geben vom Charakter Kunde, und die Bilder sind deren Blüten. «

Bambusdarstellungen wurden deshalb auch »Bambusschriften« genannt. Das heißt, dass die Bambusmalerei auch eine Form der Kalligraphie ist. Das erkennt man auch, wenn man sich den Blättern des Bambus widmet: Hier können Sie nun die Nordwest-Südost- oder die anderen Himmelsrichtungen-Techniken anwenden, und Sie werden sehen, wie Sie sich ganz allmählich zu einem Bambusmalerei-Experten entwickeln werden.

Bambus: der dritte Schritt

Und nun können Sie auch hören, was Ihnen der Bambus zuflüstert:

»Weshalb leben wir?
Um Wissen anzuhäufen,
um Fertigkeiten zu erwerben?
Ich kümmere mich
weder um das eine
noch um das andere
und besinne mich
auf meine Wurzeln.
Dies ist meine Pflicht.
Dies ist mein Weg.
Deshalb lebe ich.
Ich versuche, meine Wurzeln zu verstehen.
Denn dieses Wissen lässt mich wachsen.
Und mein Herz bleibt voll und leer zugleich.
Also kann ich glücklich sein.«

WIND
UND
WASSER
DER
SEELE

Pfirsichblüten,
so schön wie das Lächeln einer Frau,
regnen vom Himmel.
Wenn nur der Regen selbst
ebenso schön wäre!
Dann wollte ich,
er würde jeden Tag

vom Himmel fallen.

Das Äußere ist stets
ein Spiegel des Inneren

Typenkunde

Oftmals kommen Menschen auf mich zu, die mich bitten, ihnen aufgrund ihrer Physiognomie etwas über ihre Zukunft zu sagen. Sie sind ziemlich neugierig und wollen alles bis ins Detail erklärt wissen. Ihr Wunsch macht mich nachdenklich. Offenbar zeigt der Spiegel nicht immer das, was wir zu sehen hoffen. Denn was ist es, das uns da entgegenkommt? Sind wir es selbst? Unser Äußeres, unser Inneres oder gar beides? Können wir unsere Seele erkennen? Oder sehen wir nur, was wir zu sehen wünschen? Und brauchen wir wirklich einen Spiegel, um zu erkennen, wer wir sind?

Haben Sie als Beifahrer schon einmal beobachtet, wie der Lenker des Wagens gelegentlich in den Rückspiegel blickte - aber nicht, um den Verkehr zu beobachten, sondern um festzustellen, wie *er selbst* aussähe? Als ob man das mit all dem, was hinter einem geschieht, besonders gut könnte!

Viele Menschen sind der Ansicht, dass ihr äußeres Erscheinungsbild ihr Glück beeinflussen - und sie haben damit nicht Unrecht. Sie wissen nur nicht, warum dies so ist. In diesem Kapitel werde ich versuchen, das chinesische Geheimwissen um diese Zusammenhänge in kurzer Form zu erklären, sodass jeder Leser einen einfachen Zugang zu sich selbst und zu anderen erhält.

Zunächst betrifft die Physiognomie die fünf »Gesichtsmerkmale«: Augenbrauen, Augen, Ohren, Nase, Mund. Sie alle liefern Informationen über ihren Träger. Sie sind genauso wichtig wie die Beschaffenheit der Haut und der Haare, die Art der Stimme, die Form des Kopfes und der Hände, die Unterteilung des Gesichts, die Augenlider, die Falten und Fältchen, das Gesamterscheinungsbild der betreffenden Person sowie das Element, dem er zugehört (Holz, Feuer, Erde, Metall, Wasser - so, wie wir dies im Abschnitt über Feng Shui schon kennen gelernt haben). Hierzu kommt die Tatsache, dass auch der individuelle Charakter in die Überlegungen miteinbezogen werden muss, denn ein Mensch ist nun mal keine Waschmaschine. Um uns selbst und andere zu verstehen und zu erkennen, wer zu wem passt und wer nicht, müssen wir all diese Feinheiten berücksichtigen. Erst dann können wir zu treffenden Aussagen gelangen.

Westliche Patienten sind oft über die Tatsache erstaunt, dass Ärzte der Traditionellen Chinesischen Medizin (TCM) in der Lage sind, durch Pulsdiagnose die Krankheit ihres Patienten zu erkennen. Gleiches gelingt ihnen durch bloßes Ansehen. Dieses Phänomen hat im Westen natürlich gewaltige Diskussionen heraufbeschworen und genügend Skepsis verbreitet, doch es bleibt die Tatsache, dass es existiert und in China selbst zum Alltag der Ärzte gehört.

Grundvoraussetzung für das Geschehen ist die *Fünf-Elemente-Lehre,* wie sie uns schon früher begegnet ist. Die Beziehung der Elemente zueinander in der konstruktiven und der destruktiven Reihenfolge spielt hier eine große Rolle. Wer darin geübt ist, kann mit einem Blick erkennen, welches Element sein Gegenüber ist:

Der Holztyp

Er ist dünn und groß, seine Knochen sind stark und seine Gelenke fest. Das Haar (und evtl. der Bart) ist fest, nicht verworren, es wächst in nur eine Richtung. Die Form der Augen ist länglich, die Taille eng. Menschen mit diesem Erscheinungsbild sind der »reine« Holztyp (es gibt auch Mischformen). Sie sind freundlich und gutherzig und in der Lage, ein langes und gesundes Leben zu führen.

Der Feuertyp

Menschen mit diesem Element weisen einen langen Schädel auf, wobei der obere Teil sich verjüngt und der untere flach ausläuft. Ihre Haut und ihr Haar sind leicht rötlich, ihre Stimme klingt stets etwas trocken, ihre Adern und Venen sind oftmals erkennbar. Diese Menschen sind stark und gesund, müssen jedoch aufpassen, ihr Feuer nicht zu verbrennen, bevor sie das Alter erreicht haben.

Der Erdtyp

Dieser Typus denkt und handelt meist langsam. Sein Kopf ist rund, sein Gesicht großflächig, die Stirn ist hoch, der Mund breit, die Lippen sind wulstig; sein Nacken ist kurz, die Knochen sind schwer; er verfügt über eine große Muskelmasse und eine tiefe und laute Stimme. Auch wenn er viel und gerne isst, vermag er eines Tages auf ein langes und gesundes Leben zurückzublicken.

Der Metalltyp

Seine Kopf- und Gesichtsform ist eher eckig, massiv sind Knochen und Muskeln, die Haut ist oft blass. Augenbrauen, Augen, Nase, Ohren und Mund weisen keine perfekten Rundbögen auf. Dieser Typus bevorzugt ein sicheres Dasein ohne große Aufregungen und kann sich eines langen Lebens erfreuen.

Der Wassertyp

Menschen dieser Art sind rundlich, aber nicht fett. Ihr gesamtes Erscheinungsbild ist fest und aufgrund der Muskelmasse rund. Sie haben besonderes Geschick in geschäftlichen Angelegenheiten und werden nicht oft mit Krankheit zu kämpfen haben.

Da fast ein jeder Mensch nicht auf eine einzige dieser Typbeschreibung festzulegen ist, ist es nötig, mehr über die einzelnen Merkmale in Erfahrung zu bringen, um die verschiedenen Informationen miteinander zu kombinieren, bevor man fähig ist, andere aufgrund dieser Erscheinungsformen zu beurteilen.

Gesicht

Eines Tages wurden mir bei einem Radiointerview, das ich in Deutschland gab, zum Thema »Body Feng Shui« vom Moderator zwei Photos zur Analyse vorgelegt. Da ich aus Taiwan stamme und in Rom lebe, waren mir die beiden darauf abgebildeten Personen unbekannt. Nach einiger Zeit des Betrachtens sagte ich, dass der Mann eine große Karriere vor sich hatte und ein Freund der Frauen sei. Dies stellte ich anhand seiner Ohren und Augenbrauen fest. Das weibliche Wesen verspürte großen Hunger nach Aufmerksamkeit, würde aber lange brauchen, bis es sich auf einen Partner festlegte. Dies erkannte ich an der Lippen- und ihrer Augenbrauenform. Der Moderator und die Mannschaft im Studio waren bass erstaunt. Sie sagten mir, dass meine Analyse haargenau zuträfe, und nannten mir die Namen und den Beruf der Personen: Gerhard Schröder (damals noch nicht Bundeskanzler, sondern »nur« Ministerpräsident) und die Moderatorin Verona Feldbusch. Wieder einmal hatte sich gezeigt, dass altes chinesisches Wissen durchaus auf moderne Zeiten angewendet werden kann.

Wesenskunde

Wer in *Body Feng Shui*, dem Wissen um Ausdruck und Sprache des Körpers, geschult ist, der kann an seinem Gegenüber leicht erkennen, über welches Wesen dieses verfügt. Möchte man feststellen, ob dieser oder jener Mensch beruflich oder auf irgendeiner anderen Ebene zu einem passt, dann sind Kenntnisse der Physiognomie unerlässlich. Bevor man sich Fremden zuwendet, sollte man sein Wissen allerdings erst einmal bei sich selbst und Verwandten und Freunden erproben. Hier folgen nun einige Grund(er)kenntnisse, die überall eingesetzt werden können.

Die Augenbrauen

Sie verraten etwas über den grundsätzlichen Gesundheitszustand eines Menschen, über seinen Charakter und die Art und Weise, wie er sich in einer Partnerschaft verhalten wird. Sind sie auf beiden Seiten ebenmäßig und glänzend, zeugt dies von guter Gesundheit und einem freundlichen Wesen.

Ist der Abstand zwischen beiden Augenbrauen so groß wie Mittel- und Zeigefinger zusammen, genügt dem so Ausgestatteten ein Partner in der Liebe, ist er breiter, neigt er zu mehreren, ist er enger, so kündet dies von Treue, aber möglicherweise auch von Eifersucht. Dadurch, dass viele Frauen ihre Augenbrauen durch Rasur oder Auszupfen künstlich verändern, ist es oft nicht einfach, ein Urteil über sie zu fällen.

Die Augen

»Die Augen sind der Spiegel der Seele«, sagen die Chinesen. Sie sind auch das Licht des Lebens, weshalb ein Mensch mit klarem Augenweiß, klarem schwarzem Augenmittelpunkt und klaren Pupillen sehr gesund ist und lange leben wird. Der Glanz der Augen ist von größerer Wichtigkeit als ihre Größe. Genauso wichtig ist ihre Form (die manchmal durch das Make-up gar nicht mehr zu erkennen ist). Es gibt 23 verschiedene Grundformen (in meinem Buch »Feng Shui der Seele« finden Sie sämtliche Details zu diesen), die alle auf den Charakter verweisen, weshalb deren Kenntnis im Umgang mit Menschen sehr hilfreich sein kann.

Die Ohren

Sie künden von der Einstellung zu Geld, Karriere und Gesundheit. Allgemein gesprochen zeugen die Ohren von einer positiven Einstellung zu obigem, die kräftig sind und eine lange sowie klare Form aufweisen. Sie sollten weder zu sehr nach vorne noch zu sehr nach hinten zeigen. Sie sollten nach oben auf der Höhe der Augenbrauen enden und nach unten auf der Höhe der Nasenspitze. Wer über solche Ohren verfügt, steht dem Erfolg sehr nahe. Wessen Ohren indes anders geartet sind, der muss darob nicht unglücklich sein, denn andere Aspekte sind genauso wichtig.

Grundsätzlich geht es in der Physiognomie nicht darum, das eine oder andere Körpermerkmal als schön oder hässlich anzusehen und daraus Schlussfolgerungen zu ziehen, sondern es ist immer das Zusammenspiel aller Teile, welche Auskunft gebend sind. Betrachten wir also nun einen weiteren wichtigen Körperteil:

Die Nase

Sie ist der Mittelpunkt des Gesichts, weshalb ihr eine besondere Bedeutung zukommt. Geübte können an ihrer Form erkennen, ob der Träger im Umgang mit Geld geschickt ist. Wenn er eine gerade, aber nicht knochige Nase, deren Spitze weder dick noch dünn ist und deren beide Flügel ausgeprägt sind, sein Eigen nennt, dann ist er es. Sind dazu noch die Nasenlöcher nicht allzu sehr nach unten geneigt, dann ist dies doppelt gut: Denn der, der so viel Glück in finanziellen Angelegenheiten hat, wird auch dafür sorgen, dass das Geld nicht rasch wieder verschwindet.

Der Mund

Der Mund besteht aus Lippen und Zähnen und seine Form lässt Rückschlüsse auf das Liebesglück, Gesundheit und Umgang mit Geld zu. Sind die Lippen leicht geschwungen und verfügen sie über eine gesunde Farbe, so ist die Person gesund. Zeigen beide Enden leicht nach oben, lässt dies auf einen freundlichen Charakter schließen, was wiederum Glück bringt. Sind die Zähne gerade und ohne (auch noch so kleine) Lücken, zeugt dies von einem guten Verhältnis zu den Finanzen. Da die Worte, die man spricht, aus dem Munde kommen, ist es für das persönliche Glück immer wichtig, welcher Art sie sind, denn sagt man Falsches, kann dies schnell zu Unglück führen.

Die Falten

Es gibt gewiss wenige, die sie willkommen heißen, dennoch müssen wir mit ihnen leben. Viele versuchen, sie wieder zu entfernen, doch wir sollten nie vergessen, dass sie von unserem Weg durch das Leben künden, den wir nicht ungeschehen machen können...

Tauchen Falten lange vor dem »normalen« Zeitpunkt auf, ist dies ein Zeichen für eine ungesunde Lebensart und wir sollten überprüfen, was wir falsch machen. Falten zum richtigen Zeitpunkt können von Weisheit künden, von Erfolg und von hohem Ansehen. Auch wenn man der Ansicht ist, dass dies nur für Männer gelte, so darf man nie jene Frauen vergessen, die trotz Falten schön und erfolgreich waren - die Geschichte ist voll von Beispielen.

Haut- und Haarqualität

Die Schönheiten tragen des Abends ihr Kleid -
es glänzt ihre Haut wie Seide auf Schnee.

Der Bambusflöte Ton steigt empor -
trennt Wolken und Wasser.

Wind weht durch die Luft -
sein Hauch lässt Brücke und Balustrade
trunken werden.

Der Kerze Licht wirft seinen roten Schein
auf die Blüten,
schmeichelt dem Haar wie der Mond
dem Himmel der Nacht.

Dieses Gedicht aus der Song-Dynastie gibt uns eine leise Ahnung davon, wie das Schönheitsideal der damaligen Zeit war: zarte, schimmernde Haut, glänzendes, sanftes Haar.

Hat sich daran bis heute etwas geändert? Wünscht nicht jede Frau (zumindest fast jede), über derlei Attribute zu verfügen? Gewiss, doch nicht nur aus Schönheitsgründen. Der tiefere Sinn ist Attraktion, die wiederum durch die richtige Partnerwahl zu Glück und Wohlstand führen kann ...

Die sehr praktisch orientierten Chinesen wussten sehr wohl, dass Idealismus allein nicht genügt, um des irdischen Glück teilhaftig zu werden, also entwickelten sie ihre Physiognomielehre, deren Sinn und Zweck darin liegt, im Umgang mit Menschen die richtige Wahl zu treffen, die wiederum zu dem Erhofften führt - und dies nicht nur auf eine einzige Generation bezogen.

Beim Haar gilt es seine Qualität, seine Quantität, seine Farbe, seinen Glanz, die Richtung des Wuchses sowie das Zusammenspiel der Körperbehaarung insgesamt ins Kalkül zu ziehen, bei der Haut ist es deren Glanz und Gesamterscheinungsbild. Da ich aus Platzgründen hierzu nicht alle Details aufzählen kann, möge es mir der Leser nachsehen, wenn ich ihn auch hier auf mein Buch »Feng Shui der Seele« verweise, in dem ich alle Besonderheiten aufgeführt habe.

Die Stimme

Warum empfinden wir die eine Stimme als sympathisch, während das Vernehmen einer anderen uns fast körperliche Schmerzen bereitet? Warum gefällt uns ein Mensch, bis wir mit einem Mal seine Stimme hören? In der Partnerschaft wie im Geschäftsleben ist die Stimme von allergrößter Bedeutung: Die männliche sollte kräftig sein, aber nicht rau, trocken oder gebrochen klingen. Für die weibliche gilt: Ist sie zart, doch ohne Glanz, Klarheit und innere Kraft, dann wird ihre Besitzerin mehr Lebensproblemen begegnen als eine Frau, deren Stimme klar, zart, sanft und dennoch kraftvoll ist.

Die Hände

Oft werde ich gefragt: »Soll man den Linien der Handinnenflächen glauben oder doch eher der Form der Hände?« »Beide sind gleich wichtig«, antworte ich dann, »doch das Problem ist, dass es sehr viel schwieriger ist, die Handlinien zu lesen und richtig zu interpretieren.« Da wir uns in diesem Buch aber mit den äußeren Formen beschäftigen, möchte ich die Handlesekunst hier nur auf diese anwenden. Wir unterscheiden hierbei fünf Grundtypen:

Der Philosoph

Er hat lange Finger, die weder zu dick noch zu dünn sind. Auch die Nägel weisen eine längliche Form auf. Die Gelenke sind deutlich zu sehen. Die Fingerkuppen sind nicht quadratisch, aber auch nicht rund und nicht spitz zulaufend. Menschen, die über eine solche Fingerform verfügen, sind unabhängige Denker, denen ein großes logisches Denkvermögen eigen ist. Sie können Schmerz und Sorgen gut ertragen und ihren Willen durchsetzen; in finanziellen Angelegenheiten sind sie großzügig, auch wenn sie das Geld nicht mit vollen Händen ausgeben, sondern eher darauf achten, dass es sich vermehrt. Der Philosoph ist zur Liebe befähigt und schätzt Literatur, Kunst und die Schönheit an sich.

Der Realist

Seine Finger und Fingerkuppen sind eher rechteckig als rund geformt, sind eher dick als schlank, eher kräftig als kraftlos. Menschen mit solchen Fingern sind wahre Realisten, sie kümmern sich hauptsächlich um praktische Angelegenheiten, sind sehr geduldig und machen sich im Haushalt sehr nützlich. Sie suchen nicht den Luxus, sondern gehen den Weg, der ihnen vorgegeben ist, konsequent zu Ende. Der Realist weiß, was er will, und wird es auch durchsetzen.

Der Sentimentale

Er verfügt über weiche Finger, die sich zu den Kuppen hin verjüngen. Die Gelenke stechen nicht hervor, sodass sie nicht sehr deutlich auszumachen sind. Solche Finger sind manchmal auch als schwammig zu bezeichnen. Der Sentimentale hat ein großes künstlerisches Talent, ist gutherzig, leicht zu begeistern, voller Ideen und Phantasien. Er liebt die Unterhaltung und alles Luxuriöse, und wenn er genügend Kraft hat, seinen Willen durchzusetzen, wird er große Erfolge verzeichnen können.

Der Idealist

Er gleicht in etwa dem Sentimentalen mit dem Unterschied, dass seine Finger weniger voll, etwas länger und schlanker sind und die Gelenke nahezu unsichtbar. Er zeichnet sich durch Milde und Höflichkeit aus, auch wenn er leicht erzürnbar ist. Doch er beruhigt sich auch wieder schnell, denn schließlich muss er seinem Namen alle Ehre machen.

Der Geschäftsmann

Seine Finger sind hart und groß, und ihre Form ist nicht ebenmäßig. Die Finger sind breit und flach und weisen auf beiden Seiten viel Muskelgewebe auf. Wer über solche Finger verfügt, arbeitet hart und ist sehr kräftig. Er braucht wenig Schlaf und ist stets auf der Suche nach einer guten Idee, mit der sich Geld verdienen lässt. Luxus ist ihm eher ein Fremdwort und er folgt nicht unbedingt der Tradition, sondern setzt eher auf seine eigene Meinung.

Generell sollten wir nie vergessen, dass die Hände, die ja aus den Fingern bestehen, nicht lügen können, weshalb ein genaues Betrachten derselben sehr nützlich ist. Lehnen wir die Hand eines Gegenübers aufgrund ihrer Fingerbeschaffenheit instinktiv ab, so werden wir unsere Gründe dafür haben - das Gleiche gilt für den umgekehrten Fall. Deshalb sollten wir hier unserem inneren Gefühl genauso trauen wie unserer sinnlichen Wahrnehmung.

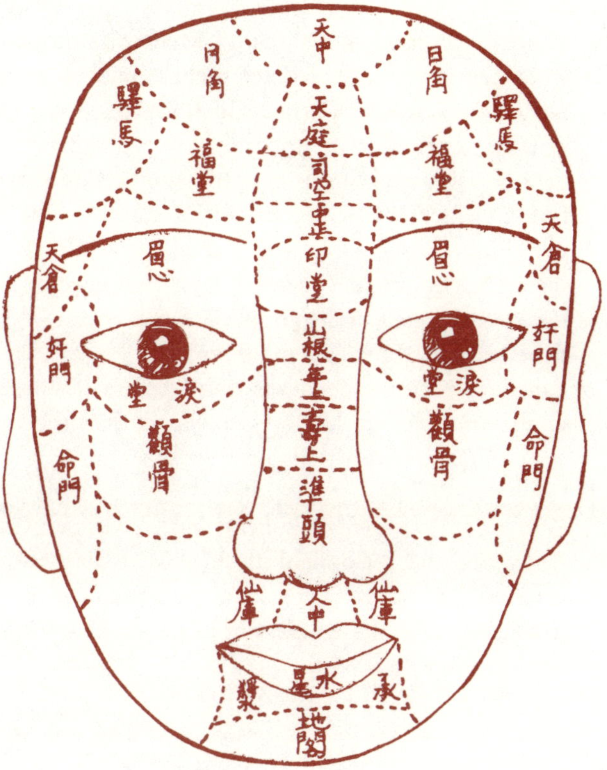

Die Body-Feng-Shui-Landkarte des Gesichts

Menschenkunde

Weshalb finden wir den einen Menschen attraktiv, wohingegen wir einen anderen nicht einmal in unsere Nähe lassen wollen? Warum fühlen wir uns in der Gegenwart des einen wohl und möchten den anderen am liebsten fliehen? Hat all dies etwas mit Schönheit zu tun? Gewiss nicht. Schon Konfuzius sagt: »Wer in seinem Zimmer stets Orchideen stehen hat, wird sich an ihren Duft gewöhnen, sodass er irgendwann weder ihn noch seine Quelle wahrnimmt. Genauso geht es dem, der einen Ort voller Gestank bewohnt.« Was ist es also dann? Vielleicht suchen wir unbewusst die Entsprechung entweder zu dem, wessen wir selbst entbehren, oder zu dem, worüber auch wir verfügen.

Durch die Body-Feng-Shui-Lehre lernen wir, den Charakter und die Persönlichkeit eines Menschen zu beurteilen. Das ist vor allem dann nötig, wenn man auf jemanden trifft, dessen Gesicht keinerlei Abweichung von der Norm aufweist.

Man sollte jedoch nie vergessen, dass alles am Menschen eine gleich bedeutende Rolle spielt, und daher nicht den Fehler begehen, aufgrund eines Details bei sich selbst oder anderen Schlüsse zu ziehen. Denn es ist immer notwendig, das Gesamte im Auge zu behalten, weshalb die Form der Menschenkunde eine höchst komplexe Angelegenheit ist. Auch beim Feng Shui, welches das Bauen und Wohnen betrifft, gilt es das Ganze zu sehen, um dann dem Detail gleiche Bedeutung beimessen zu können. Daher kann man letztlich über isoliert betrachtete Körpermerkmale zwar Aussagen machen, aber sie ergeben kein Gesamtbild, denn ein Makel auf der einen Seite kann z. B. durch ein Plus auf der anderen Seite ausgeglichen werden. Im Grunde geht es darum, beim tieferen Erkennen von Menschen in die Geheimnisse der Harmonie vorzudringen. Beim Wohnungs-Feng-Shui gibt es zahlreiche Hilfsmittel, das Schlechte abzuwenden, zu vermeiden oder zu verbessern (Windspiel, Scherenschnitte, Umstellen der Möbel, Spiegel etc.). Solches gibt es auch beim Body Feng Shui: Hier ist es allerdings nicht sichtbar, denn es handelt sich um die eigene Seele, das eigene Herz und das innere Selbst. Der chinesische Weg zur harmonischen Partnerschaft zeigt, welche äußeren Formen und inneren Gaben eines Menschen zu denen eines anderen passen. Die Kunst, dieses zu erkennen, setzt freilich viel Erfahrung in der Menschenkunde voraus, damit es möglich ist, den Charakter eines Menschen mit einem Blick zu erkennen, und zwar in den Zügen seines Gesichts, in der Form seiner Hände oder in der Ausdrucksweise seines Ganges. Wenn es uns dadurch gelingt, Menschen vorurteilsfrei auf diese Weise anzusehen, gelingt es uns auch, Unglück, Missgunst oder Neid zu vermeiden, weil wir auf diese Weise automatisch die richtigen Partner wählen, die unser Leben bereichern: denn – wie schon gesagt: Das Äußere ist stets ein Spiegel des Inneren.

SCHÖNHEIT
DIE
VOM
HIMMEL
STAMMT

Es regnet nicht länger.
Schon scheint die Sonne wieder
auf den Hibiskus.
Doch weshalb höre ich noch Wasser tropfen?
Ich finde keine Antwort
Und frage die Wolken.

Der geheime Weg zum Jadetor

In China gibt es ein beliebtes Sprichwort: »Kein Held vermag das Tor der Schönheit zu durchschreiten, ohne Schaden zu nehmen.« Eine weitere Sentenz besagt, dass Schönheit die Quelle großen Übels ist. Inwieweit diese Sätze ihre Berechtigung haben, mag dahingestellt sein – lieber halten wir fest, dass es jeden nach Schönem verlangt; daran gibt es mit Sicherheit keinen Zweifel.

Die Eigenschaft des Menschen, das Schöne zu verehren, hat in der Tat bewirkt, dass schöne Frauen zu allen Zeiten den Lauf der Geschichte beeinflussten. So wissen wir zum Beispiel um die Veränderungen, die etwa Kleopatra, Madame Pompadour, Lola Montez oder Mata Hari bewirkten. Auch die wechselvolle fünftausendjährige Geschichte Chinas brachte Frauen hervor, die in der Lage waren, durch den Einsatz ihrer Schönheit politischen und kulturellen Wandel herbeizuführen. Unter diesen Frauen ragen drei ganz besonders hervor: *Shi-she*, die im Wu-Reich (um 500 v. Chr.) lebte, *Wang Chao-güen* (Westliche oder Frühere Han-Dynastie, 206 v. Chr. bis 8 n. Chr.) und *Yang Yühang* (Tang-Dynastie, 618 bis 907 n. Chr.). Betrachtet man das Leben dieser altchinesischen Schönheiten, dann erkennt man verschiedene Ausdrucksformen ihres Wesens, das sich hinsichtlich ihres Mythos von den heutigen in keiner Weise unterscheidet: Shi-she verkörpert »die Anmutige«, Wang Chao-güen »die Reine« und Yang Yühang »die Sinnliche«.

Immer wieder lassen wir uns von diesen drei Formen der Schönheit berühren und verführen, was wiederum etwas über deren Macht aussagt. Die genannten Damen, die in der chinesischen Geschichte ihren Platz gefunden haben, waren bedeutende Konkubinen, auch wenn sie nicht aus adeligem Hause, sondern aus eher ärmlichen Verhältnissen stammten. Ihrer Schönheit wegen aber wurden sie an den Palast des jeweiligen Herrschers ihrer Zeit berufen. Ein Kaiserpalast bestand in der Regel aus drei Haupt- und sechs Nebenpalästen, in denen rund 3000 Konkubinen lebten. Um »First Lady« zu werden, mussten die drei Genannten unter den vielen anderen Frauen natürlich herausragen. Dadurch gelang es ihnen, die Aufmerksamkeit des Kaisers auf sich zu lenken und sein Herz zu gewinnen. Zum Verständnis dieser Umstände ist es nötig, zu wissen, dass in der damaligen Zeit die Konkubinen vom Hofstaat für den Kaiser zwar auserwählt wurden, viele von ihnen ihren Herrscher zeit ihres Lebens aber niemals zu Gesicht bekamen, sodass sie ihr Dasein unberührt innerhalb der Palastmauern verbrachten. Da im patriarchalen China die Frau über keinerlei soziale Stellung verfügte, bedeutete es höchste Ehre, in den Palast einzuziehen. Konkubinen waren also keine Prostituierten, sondern es waren Frauen, die aufgrund der Tatsache, dass sie in der nächsten Umgebung des Kaisers leben durften, ihren Familien viel Ehre einbrachten.

Gleichwohl betrachtete der Kaiser sie keineswegs als ebenbürtige Wesen, sondern eher als Spielzeug. Um aber eine solche Rolle *nicht* zu erfüllen, verwandten unsere drei Schönheiten ihre äußere Erscheinung und ihre Intelligenz darauf, ihn dermaßen zu beeindrucken, dass es ihnen gelang, ihren Gebieter nicht nur vollständig zu erobern, sondern auch einen Teil der Herrschaft in die Hände zu bekommen. Die weltliche

Macht hatte vor der himmlischen Schönheit kapituliert. In einem Gedicht der Tang-Dynastie heißt es:

Schönheit, die vom Himmel stammt,
kann man nicht verleugnen.
Wer dem Drachmantel nahe kommt,
vermag an Macht und Einfluss zu gewinnen
und mit seinem Blick allein
die andern auszustechen.
Denn trotz der Hallen voll mit Schmuck und
Puder kann nur die bestehen,
die wirklich Farbe hat.
In ihr befindet sich die Schönheit
aller Frauen aus den neuen Palästen.
Die Liebe zu dreitausenden
erhält nun eine Einzige;
und ihre Brüder und auch ihre Schwestern
werden ebenfalls bedeutend,
sodass im Hause der Familie
ein heller Glanz entsteht
und Eltern nur noch Töchter wünschen.

Um all die Schönheiten in den Palästen »auszustechen«, mussten die drei Frauen also ihren ganzen Charme und ihre Magie anwenden, um ihre Ziele zu erreichen. Aber welche geheimen Mittel standen ihnen zur Verfügung, um ihre Schönheit so intensivieren zu können, dass sie ihre jeweilige Zeit nachhaltig beeinflussten? Welchen Zauber wandten sie an, dass man selbst nach 2 000 Jahren noch von ihnen spricht? Auf den kommenden Seiten werde ich einige ihrer Geheimnisse enthüllen, damit sich jeder Leser nach der Lektüre und den Übungen innerlich reicher und äußerlich schöner findet und das Ziel, das er im Leben anstrebt, erreichen wird.

Charme

Die Natur ist ungerecht: Es gibt Menschen, die schön geboren werden, und Menschen, die ohne jegliche Reize zur Welt kommen. Jedoch durch innere und äußere Arbeit an sich selbst und infolge des damit verbundenen Reifeprozesses können diejenigen, die weniger anmutig geboren sind, zu besonderer Schönheit gelangen, während solche, die schön geboren wurden, dann aber nichts für sich tun, irgendwann einmal das, was sie früher ausmachte, verlieren. Das ist auch der Grund dafür, dass viele Frauen, die in ihrer Jugend als Schönheit galten, im Alter an Attraktivität verlieren. Gegenbeispiele wie Indira Gandhi, Ingrid Bergmann, Marlene Dietrich oder Madame Chiang Kai-shek zeigen, dass es für äußere Schönheit auch im Alter ein Mittel gibt, das jederzeit und überall zur Verfügung steht: die innere Schönheit, die nach außen wirkt. Freilich ist es nötig, ein Leben lang an dieser zu arbeiten. Wenn dann aber äußerer und innerer Glanz in Harmonie stehen, dann können wir von Vollkommenheit sprechen.

Wenn Sie etwas Ihr Eigen nennen, das Sie von Geburt an besitzen, werden Sie selten darüber nachdenken. Wenn Sie aber das, was in Ihnen ist, bewusst weiterentwickeln und ans Tageslicht bringen, dann erst fangen Sie an, wirklich zu leben. Ich möchte Ihnen zeigen, wie Sie das, was in Ihnen ist, zur Vollendung bringen können, damit Sie fähig sind, Ihr ganz spezielles Charisma zu entwickeln im Sinne dieses altchinesischen Sprichworts, in dem es heißt:

Die Schönheit der Jade
ist weniger bedeutend als ihr Glanz.

Sprechen wir nun über menschliche Schönheit, also über das Zusammenwirken all dessen, was den Menschen ausmacht, so müssen wir uns fragen, welche Kraft dieses Zusammenspiel überhaupt mit Leben versorgt. Es ist die *Atmung.* Diese aber wiederum ist nur der Ausdruck jener geheimen Lebenskraft, welche alles, das existiert, durchströmt, und über die ich im ersten Kapitel dieses Buches berichtet habe - das Chi. Um dieses in sich wachsen zu lassen, sind spezielle Atemtechniken vonnöten, sowie die Kontrolle des Atems. Beides bewirkt, dass das Chi dorthin gelangt, wo es die größte Effizienz zeigt.

Ein bewusstes Chi-Training, so, wie es seit Jahrtausenden in China praktiziert wird, ermöglicht einen Zugang zur universellen Energie, die uns die Kraft schenken kann, ein Leben in Harmonie zu führen. Schon Buddha sagte: »Wir entwickeln unsere Persönlichkeit gemäß unserer Gedanken. Wir werden zu denen, die wir sein wollen. Und wenn unser Herz vollkommen rein ist, dann überkommt uns große Energie, die zu unserem Schatten wird, der uns niemals mehr verlässt.« Die Energie, die Buddha hier meint, ist nichts anderes als die Lebenskraft, jenes Chi, das nötig ist, um zu einer reifen, glücklichen und schönen Persönlichkeit heranzuwachsen. Und je mehr wir unser eigenes Chi mit der Chi-Kraft des Wassers, der Steine, des Himmels, der Sonne, des Mondes, der Bäume oder der Sterne verbinden, umso mehr wird es uns gelingen, unser Vorhaben zu einem glücklichen Abschluss zu bringen.

Schönheit des Geistes

Chi-Training

Man trainiert sein Chi zunächst damit, dass man sich mit den Schwingungen des Himmels in Verbindung bringt, sodass diese ein Teil von einem werden. Diese Kraft des Himmels durch das bewusste Training der Atem-Meditation zu erlangen, hilft, das eigene Chi zu stärken und die innere Schönheit zu offenbaren.

Meditation ist die Kunst der konzentrationslosen Konzentration. Im Orient ist nach wie vor die Tradition lebendig, über einen Namen (zum Beispiel Buddha) zu meditieren. Auch im Westen gelangt diese Gepflogenheit immer mehr zur Anwendung. Die Meditation oder das Gebet helfen zudem, die innere Unruhe einzustellen. Wer sein inneres Gleichgewicht verloren hat, wird nervös, und seine Gedanken und Gefühle können das Chi, das ihn führen soll, nicht mehr finden und verlieren ihre Kraft bzw. beschäftigen sich mit dem, was ihnen nicht hilft, sondern eher schadet.

Voraussetzung für jede Art von Meditation ist ein entleerter Geist, was aber nicht mit leeren Gedanken verwechselt werden darf. Ein entleerter Geist schafft den Reichtum der Fülle, leere Gedanken jedoch kreieren nichts als Dummheiten. Bemerkenswerterweise kümmern sich heute sehr viel mehr Menschen um ihr Bankkonto als um ihren Geist, obwohl dieser genauso wie das Konto oder der Bauch nach Nahrung verlangt. Ein Organ, das brachliegt, verkümmert, deshalb verfügen so wenige Menschen über tatsächliche Schönheit oder Charisma - ihre Augen sind stumpf, ihr Geist ist impotent.

Das Wichtigste an der Chi-Meditation ist das Atmen. Betrachten Sie einmal diesen Vorgang bei sich selbst: Wenn Ihre Frequenz flach und unregelmäßig ist, dann werden Sie in keinen gesunden Tiefschlaf fallen. Tagsüber finden Sie keinen inneren Frieden und sind rastlos. Wenn dies des Öfteren geschieht, wird Ihre Haut rau werden und Ihre Augen werden an Glanz verlieren. Atmen Sie dagegen tief und rhythmisch, dann entspannen Sie sich, werden friedvoll, sensitiv und liebenswürdig. Ihre Stimme erhält ein samtenes Timbre, Ihre ganz persönliche Ausstrahlung wird wohlgefällig, und Sie üben einen positiven Einfluss auf Ihre Umgebung aus.

Beginnen wir nun mit einer leichten Übung:

Gegen die Hektik, den Lärm und die Ziellosigkeit des modernen Lebens

1. Suchen Sie Ihr »Drittes Auge«. Dieses finden Sie, indem Sie eine unsichtbare Linie vom Nasenbein zum Scheitel ziehen und mit jener unsichtbaren Linie, die sich über die höchsten Erhebungen Ihrer Augenbrauen zieht, kreuzen. Am Schnittpunkt dieser beiden Linien liegt Ihr Konzentrationspunkt.

2. Versuchen Sie, sich bei jedem Atemzug auf diesen Punkt zu konzentrieren. Dies gelingt Ihnen am besten, wenn Sie sich Ihren Konzentrationspunkt als Drittes Auge bildlich vorstellen.

3. Verändern Sie jetzt Ihren Atemrhythmus: Anstelle des normalen Ein- und Ausatmens atmen Sie nun einmal ein und zweimal aus. Während

des zweimaligen Ausatmens sollten Sie nicht erneut ausatmen. Tun Sie dies öfter, wird es Ihnen möglich sein, sich besser zu konzentrieren.

4. Haben Sie die Übungen 1–3 verinnerlicht, so suchen Sie sich ein Wort, das Sie ständig still wiederholen. Das Wort sollte sich auf Schönheit beziehen: Es kann zum Beispiel Glanz, Licht, Helligkeit oder Sonne heißen.

5. Hören Sie sich selbst beim Atmen zu. Versuchen Sie, Ihr einmaliges Ein- und zweimaliges Ausatmen so langsam wie möglich zu halten. Am besten gelingt dies, wenn Sie gar nicht daran denken.

6. Nach einigen Minuten sollte es Ihnen möglich sein, den Klang Ihres eigenen Chis mit dem inneren Ohr zu vernehmen. Dieser Klang ist von Mensch zu Mensch verschieden. Er kann sich wie das Summen von Bienen anhören oder wie das Rauschen eines Baches oder wie Herbstlaub, das vom Wind getrieben wird. Es kann auch ein bislang völlig unbekannter Ton entstehen. Solange Sie in sich irgendeinen Klang hören, ist es gut. Versinken Sie aber nicht in denselben oder bestehen Sie nicht darauf, ihn zu vernehmen. Wenden Sie sich dann lieber den Übungen 1–4 zu, bis Sie gar keinen Ton mehr in sich hören.

Sollten Sie sich fragen, welchen Sinn diese Übung dann überhaupt hat, kann ich Ihnen mit Buddha antworten: »Wenn Du Dein Ziel noch nicht erreicht hast, dann willst Du mit aller Gewalt dorthin gelangen. Wenn Du es aber endlich gefunden hast, dann wirst Du merken, dass es gar kein Ziel war.«

Wenn Sie geduldig die Punkte 1–6 üben, vergessen Sie bitte nicht, dass das Wichtigste am Training des Chis der Umstand ist, dass es zu jeder Zeit und an jedem Ort durchgeführt werden kann. Sie brauchen dafür keinerlei besondere Vorbereitungen und sind immer und überall in der Lage, Ihr Training zu vollziehen. Nach einiger Zeit werden Sie merken, dass Sie besser schlafen, dass Ihre Augen glänzender, Ihre Stimme klarer, Ihre Haut zarter geworden ist und dass Sie an Gelassenheit gewonnen haben. Selbst wenn Sie im morgendlichen Berufsverkehr zum Büro oder ins Geschäft eilen, sind Sie nun so ausgeglichen, dass Ihnen Ihr Weg von der Wohnung zur Arbeitsstätte wie der Gang durch ein modernes chaotisches Gemälde vorkommt. Sie werden sich aber über nichts mehr aufregen, denn Ihr Chi hat sich mit Ihrem Geist vereint.

Gelassenheit

Ein weiteres Chi-Geheimnis ist das des »schwingenden Bambus«. Dieses bezieht sich auf die Gegebenheit, dass der menschliche Körper voller Akupunkturstellen ist, die auf den sogenannten Meridianen liegen. Jeder dieser Punkte hat seine Entsprechung in einem Körperorgan. Die stärkste Konzentration von Shüe-Dao, wie die Chinesen die Akupunkturpunkte nennen, findet sich an den Ohren und an den Fußsohlen.

Die modernen Fortbewegungsmittel sind schuld daran, dass unsere Füße die Erde immer seltener berühren. Anstatt sich mit Auto, Fahrrad oder öffentlichen Verkehrsmitteln von A nach B zu bewegen, wäre es wesentlich besser, die Strecke zu Fuß zurückzulegen; nicht nur wegen der Stabilisierung des Kreislaufs, sondern vor allem, weil die Erdstrahlen bzw. das Chi der Erde unmittelbar auf unsere Fußpunkte wirken. Leider verhindern sowohl Schuhe als auch die Tatsache, dass die meisten Straßen asphaltiert sind, einen unmittelbaren Kontakt zwischen Erde und Lebewesen, sodass wir unseres ursprünglichen Bezuges zu unserem Heimatplaneten verlustig gegangen sind. Zudem spürt man im zehnten oder hundertsten Stock eines Hochhauses sicherlich nichts mehr von der heilenden Kraft der Erdenergien, weshalb es wichtig ist, zum Beispiel im Urlaub oder in der Freizeit, so oft wie möglich in der Natur barfuß zu gehen. Denken Sie nur daran, wie gesund und kraftvoll Sie sich fühlten, als Sie das letzte Mal ohne Schuhe an einem Strand spazieren gingen. Sollten Sie einmal nach China kommen, dann besuchen Sie dort die alten Tempel. Sie werden im Heiligen Hain oft einen Gehweg finden, vor dem ein Schild mit der Aufschrift »Bitte nur barfuß betreten« steht. In diesen Weg sind gelegentlich auch runde Steine oder Bambusteile eingesetzt, die dazu dienen, die Reflexzonen desjenigen zu stimulieren, der auf ihnen geht. Leider vergessen wir immer wieder, dass das, was uns durch das Universum trägt, die Erde, ein lebendiger Planet ist und somit über Heilkraftstrahlung verfügt. Deshalb ist der richtige Kontakt zwischen Fußsohlen und Erde die Quelle für Gesundheit und somit auch für Schönheit.

Mit folgender Übung können Sie die Erdkraft wenigstens ein bisschen zu sich holen:

1. Richten Sie Ihre Augen geradeaus.

2. Entspannen Sie Ihren Nacken.

3. Stellen Sie Ihre Wirbelsäule senkrecht.

4. Halten Sie Ihren Unterleib straff.

5. Konzentrieren Sie sich auf Ihren Balancepunkt, der sich in der Mitte der Linie Nabel - Schambein befindet.

6. Beginnen Sie zu gehen, indem Sie zuerst den Ballen auf die Erde setzen und dann den Fuß nach vorne abrollen.

7. Trainieren Sie dabei Ihren Atem: Ein - aus - aus, ein - aus - aus...

Reinheit

CHI-ESSEN

Bevor wir dazu kommen, wie man durch die Zusichnahme des richtigen Chis ein gesundes Leben führen kann, wollen wir uns - auch wenn es unangenehm ist - damit beschäftigen, wie man die Verdauung verbessern kann. Dabei gilt es zunächst, eine einfache Übung zu machen, die auch einen guten Schlaf herbeiführen kann:

1. Zwingen Sie sich nicht dazu, sofort einschlafen zu müssen.

2. Konzentrieren Sie sich auf Ihren Chi-Punkt.

3. Verschränken Sie Hände und Finger hinter Ihrem Kopf.

4. Verschränken Sie Ihre Beine wie beim Schneidersitz und ziehen Sie sie so nah wie möglich an Ihr Becken.

5. Behalten Sie diese Position bei und atmen Sie neun Minuten lang ganz natürlich.

6. Bringen Sie Arme und Beine langsam wieder in die gewohnte (Schlaf-)Position zurück.

Diese Übung wird sich positiv auf die Organe Ihres Unterleibs auswirken, was eine Verbesserung der Verdauungs- und Ausscheidungsorgane bedeutet. Dieser Gedanke findet sich schon im *Baopu-Dse*, einem wichtigen Werk über taoistische Techniken, das um 317 n. Chr. von *Ge Hong* verfasst wurde. Dort heißt es: »*Wer ewig leben möchte, muss seinen Darm rein halten.*« Auch die indischen Yogis bedienen sich dieser Forderung: »*Damit man für immer jung und gesund bleiben kann, dürfen im Gedärm keine Überreste sein.*« Der größte Feind eines schönen Teints, eines angenehmen Köpergeruchs und einer lang andauernden Gesundheit sind die Dinge, die des Nachts im Darm gären.

Wir wollen damit erklären, dass es zweckdienlich ist, *vor* dem Zubettgehen die Toilette aufzusuchen, um sowohl die durch die Gärung der Speisen nachts entstehenden Gase zu vermeiden als auch frühzeitig Schadstoffe und Schlacken auszuscheiden. Da aber selbst nach der Ausscheidung immer einiges im Darm zurückbleibt, ist es notwendig, das Darmende mit Wasser auszuspülen – eine bei den Yogis trotz mangelnder technischer Hygienevorrichtungen stets geübte Tradition. Heute verfügen wir zwar über ein sehr bequemes Wasserklosett, doch dieser Komfort hat auch seine Schattenseiten: Während wir darauf sitzen, pressen wir unser Gedärm stark zusammen, sodass niemals der gesamte Inhalt entweichen kann. Die antiken orientalischen Toiletten waren dagegen so konstruiert, dass sie zwar als unbequem gelten konnten, dafür aber der Gesundheit dienlich waren. Man musste sich dabei der Beinkleider entledigen, in die Hocke gehen und in dieser Stellung »sein Geschäft verrichten«. Im Unterschied zur modernen Haltung blieb dabei die Wirbelsäule senkrecht und das Gedärm wurde nicht zusammengepresst, sondern vermochte entspannt seinen Inhalt abzugeben. Da wir aber nicht mehr über dieses System verfügen, ist es umso nötiger, die Darmspülung durchzuführen, damit die Folgeerscheinungen der Darmträgheit, unter der in der modernen Welt Millionen von Menschen leiden, beseitigt werden - genauso wie die Verdauungsbeschwerden selbst.

Diese Darmträgheit ist Hauptursache für Mund- und schlechten Körpergeruch, unreine Haut, Haltungsschäden (ein Bauch voller Gase beeinflusst die Wirbelsäulenkrümmung) und nicht zuletzt für schlechte Träume. Somit hat die abendliche Entleerung auch den Vorteil, dass Sie gut schlafen können und am nächsten Morgen glücklich erwachen.

Wenn ich eingangs gesagt habe, dass Chi überall ist, dann meine ich damit tatsächlich überall, also auch in den Speisen, die Sie täglich zu sich nehmen. Die folgende Tabelle soll Ihnen eine Orientierung über den Chi-Wert einiger Nahrungsmittel geben. Die Farbklassifizierung verhilft Ihnen dabei zu einem besseren Verständnis. *Weiß* bedeutet sehr gutes Chi, *Gelb* gutes Chi, *Braun* ein Chi, das weder positiv noch negativ ist, und *Schwarz* ein schlechtes Chi.

Je mehr weißes Chi Sie zu sich nehmen, desto besser werden Sie sich fühlen. Wer auf Fleisch nicht verzichten will, also bewusst schwarzes Chi zu sich nimmt, kann dennoch einen Ausgleich herbeiführen, indem er jeweils zusätzlich die doppelte Menge an weißem Chi isst. Wer braunes Chi zu sich nimmt, kann durch die gleiche Menge an weißem Chi die Balance wiederherstellen. Über das stärkste weiße Chi verfügen Sojabohnensprossen, Tofu und alle Sojabohnenprodukte. Da unzubereiteter Tofu nicht gerade köstlich schmeckt, und die Tofuküche in Europa noch immer nicht so bekannt ist, wie es wünschenswert wäre, empfehle ich auf den kommenden Seiten einige Vier-Personen-Rezepte für eine zeitsparende Tofuzubereitung. Doch zuerst die:

Chi-Tabelle

Weiß	Gelb	Braun	Schwarz
frisches Obst	gekochtes Gemüse	verkochtes Gemüse	rotes Fleisch
frischer Salat	Reis	Obst-kuchen	Wild
alles Gemüse, das man roh isst	Weißbrot	Blech-dosen-produkte	Alkohol
gut gekochte Bohnen	Nudeln	Kaffee	Nikotin
gekochte Eier	Spiegel- und Rühreier	Tee	Schoko-lade
Tofu	Huhn, Truthahn	Ente	Süßig-keiten
Sojabohnen-sprossen	Fisch	Meeres-früchte	Innereien

Weiß	Gelb	Braun	Schwarz
Vollkornprodukte	Butter, Margarine	Pilze	Salz
Müsli	Kokosfett	Süßstoff	Zucker
Naturreis	Olivenöl, Pflanzenöle	Minze, Vanille	tierische Fette
Milchprodukte	Nüsse	Obstsaftkonzentrate	Wurst
Käse, Hefe	Kartoffeln	Bambussprossen	Pommes frites
Pfeffer	Obstessig	Weinessig	Mayonnaise
Knoblauch, Petersilie	Mehl	Schnecken	Sahne
Chili, Ingwer	Hirse	Fruchteis	Speck
Honig	Schlangen	Gelee	Schinken
Mineralwasser	Beeren	Kaviar	Limonen

Kraft

Gebackener Tofu in Koriandersauce

(Vorspeise)

500 g Tofu
1/4 l Sojasauce
1/16 l Sesamöl
1 Esslöffel Koriander, fein geschnitten
2 Teelöffel Zucker

Den Tofu in daumendicke Scheiben schneiden, in die mit Öl erhitzte Pfanne geben, bei mittlerer Hitze backen, bis sich eine goldbraune Schicht bildet. Wenden, um dasselbe Ergebnis auf der anderen Seite zu erzielen. In der Zwischenzeit bereiten Sie die Sauce vor. Die oben aufgeführten Ingredienzien vermischen, zuletzt den Koriander auf die Sauce streuen.
Die Sauce wird in die Mitte des Tisches gestellt, damit jeder sein Tofustück mit Stäbchen darin eintunken kann.

Mittsommernachts-Tofu

(Vorspeise)

500 g Tofu
2 Frühlingszwiebeln, fein geschnitten
1 Teelöffel Koriander, fein geschnitten
1/2 Esslöffel geröstete Zwiebeln
1 gekochtes Ei
2 Esslöffel Sojasauce
1 Teelöffel Sesamöl
1 Teelöffel Zucker
1 Messerspitze Salz
1 Esslöffel Wasser

Tofu in kalter Salzlauge ca. fünf Minuten ziehen lassen. Aus der Lauge nehmen, in kleine Würfel schneiden und in eine Salatschüssel geben. Das gekochte Ei ebenfalls würfeln und dazugeben. Sojasauce, Sesamöl, Zucker, Salz und Wasser hineinrühren. Zuletzt mit Koriander, Frühlingszwiebeln und gerösteten Zwiebeln garnieren.

Tofu in kaiserlichem Mantel

(Hauptgericht)

500 g Tofu
3 Eier
1/2 Bund Schnittlauch
100 g Shrimps
1 Messerspitze Salz
1 Messerspitze Pfeffer
1 Messerspitze Zucker

Tofu in 5 mm dicke Scheiben schneiden (Dreiecksform). Tofu in die mit Öl erhitzte Pfanne geben und leicht anrösten. Shrimps hinzugeben. Wenn diese gar sind, wird das mit Salz, Pfeffer und Zucker verquirlte Ei darübergegossen. Auf starker Flamme stocken lassen. Schnittlauch darauf streuen und mit Reis servieren.

Tofu nach Familienart

(Hauptgericht)

500 g Tofu
1 große Karotte
2 Frühlingszwiebeln
eine halbe Peperoni (nach Belieben)

1 Zucchini
2 Esslöffel Sojasauce
2 Teelöffel Zucker
1 Messerspitze Salz und Pfeffer

Schneiden Sie den Tofu in daumendicke Scheiben, die Karotten und Zucchini in sehr dünne schräge Scheiben. Die Frühlingszwiebeln werden in ca. 3 cm lange Streifen geteilt.
In einer zur Hälfte mit kaltem Wasser gefüllten Tasse vermischen Sie die Sojasauce mit Zucker, Salz und Pfeffer und eventuell etwas Mondamin.
Erhitzen Sie in zwei Pfannen etwas Pflanzen- oder Sesamöl. In der einen braten Sie den Tofu, bis er auf beiden Seiten goldbraun ist, in der anderen braten Sie das Gemüse leicht an. In die Gemüsepfanne geben Sie nun die vorbereitete Sauce und vermischen das Ganze. Anschließend fügen Sie den fertigen Tofu hinzu.
Servieren Sie dieses Gericht mit gedämpftem Reis.

Tofusuppe »Phönix«

(Hauptgericht)

250 g Tofu
ein halbes Hähnchen
100 g Glasnudeln
1 Messerspitze Salz, Pfeffer und Zucker

Kochen Sie das Huhn gar. Lösen Sie dann das Fleisch von den Knochen und schneiden Sie es in kleine Stücke. Den Tofu ebenfalls klein schneiden und das Hühnerfleisch zusammen mit dem Tofu in die Brühe geben. Weichen Sie die Glasnudeln drei Minuten lang

in heißem Wasser ein, schneiden Sie sie mit der Schere in die gewünschte Länge und geben Sie sie ebenfalls in die Brühe. Etwas Mondamin, Salz, Pfeffer, Zucker dazugeben - fertig.
Mit Brot servieren.

Tofu der chinesischen Großmutter

(Hauptgericht)

350 g Tofu
400 g Chinakohl
4 Esslöffel Mehl
1 Esslöffel Butter
1 Glas Milch
1 Esslöffel Sahne
1 Messerspitze Salz und Pfeffer
150 g geriebener Parmesan

Chinakohl in Salzwasser kochen. Sobald er gar ist, in einem Sieb abtropfen lassen. Tofu in sehr dünne Scheiben schneiden und in Lagen in eine Backform hineinschichten.
In einer Pfanne die Butter leicht erhitzen und zergehen lassen und das Mehl dazurühren. Milch und Sahne sowie Salz und Pfeffer hinzufügen. Den Chinakohl in seine Blätter zerlegen und zwei Minuten lang in der Sauce ziehen lassen.
Das Ganze über den Tofu geben, Parmesan darüberstreuen und 15 Minuten im vorgeheizten Ofen bei 250 Grad backen.
Mit Schmetterlingsnudelen servieren.

Frühlingsregen-Tofu
(Hauptgericht)

500 g Tofu
250 g Sojabohnensprossen
3 Knoblauchzehen
1 Messerspitze Salz und Pfeffer

Tofu so dünn wie Kraut schneiden - nach beiden Richtungen, sodass ein Raster entsteht.
Öl in der Pfanne sehr heiß werden lassen, den Knoblauch mit einem Messer zerdrücken und dazugeben.
Tofu und Sojabohnensprossen in der Pfanne eine Minute lang wenden; mit Salz und Pfeffer würzen.
Mit Reis oder Nudeln als Beilage servieren.

Die chinesische Küche mit ihrer langen Tradition ist weltweit bekannt. Ein Koch, der mit den teuersten Zutaten die besten Gerichte zaubern kann, wird ein guter Koch genannt. Jemand, dem es möglich ist, aus preiswertem Tofu Köstlichkeiten zu kreieren, ist ein besserer Koch. Und einer, der sein Chi während des Kochens mit dem Chi des Tofu vereint, ist der allerbeste Koch.

DIE SUCHE NACH DEM SCHATZ DES LEBENS

Der Himmel schuf
ein goldenes Gefäß,
mit roten Blüten
füllt' es die Erde.
Ein blaues Tuch
breitet der Tag darüber,
die Nacht
zieht es sachte fort.
Diese Blüten sind so kostbar,
dass ein jeder
sie besitzen will.

Mein Großvater war ein sehr glücklicher Mensch. Ich kann mich kaum erinnern, ihn jemals verärgert gesehen zu haben. Die wenigen Momente, in denen er mit etwas nicht zufrieden schien, bewältigte er auf seine ganz eigene Weise: anstatt zu schimpfen oder zu schreien, trampelte er auf dem Fußboden herum, doch er tat dies so schnell und rhythmisch, dass es mir vorkam, als führe er einen unserer Volkstänze auf. Dabei musste er über sich selbst so sehr lachen, dass das, was ihn belastete, wie von selbst verschwand. Einmal fragte ich meine Großmutter nach seinem Geheimnis. Sie blickte in die Ferne und sagte:

» Er betrachtet alle Dinge und alle Angelegenheiten mit Gleichmut. Dadurch ist er fähig, allem die gleiche Zuneigung angedeihen zu lassen; und deshalb wiederum ist er in der Lage, furchtlos zu sein. Er hat keine Angst vor welchem Verlust auch immer, nicht einmal vor dem Verlust des Lebens; der Tod schreckt ihn also nicht - und genau deshalb ist er glücklich. «

Diese Worte klangen sehr magisch für mich, die ich ja noch in den Kinderschuhen steckte. Heute weiß ich, dass es die Einheit der drei großen chinesischen Lehren war, die ihn so sehr beeinflusst hatte, dass er für alle Mitglieder meiner Familie stets als Vorbild galt.

Die Lehren des Konfuzius, des Lao Tse und des Buddha stellen den Urgrund des chinesischen Wesens dar. Ohne diese drei Weisen studiert zu haben, kann man die Seele Chinas und seiner Bewohner nicht annähernd erfassen, und gäbe es 10 Gebote, wie im Christentum, so würden sie hier lauten:

- Achte das Gesetz der Natur.
- Sei immer tugendhaft.
- Zeige Dich stets gutherzig.
- Respektiere die Alten.
- Sei freundlich zu den Jungen.
- Verehre Deine Ahnen.
- Tu alles für Deine Kinder.
- Übe Dich in steter Geduld.
- Bevorzuge den mittleren Weg.
- Ertrage Dein Schicksal demütig.

Wer sich an diese einfachen Handlungsvorgaben hält, hat den Schatz des Lebens schon gefunden und wird ein gutes und gesundes Leben führen - und wer würde sagen wollen, er hätte dies nicht vor?

Die Weisheit des Konfuzius

Ich möchte Ihnen nun die drei großen chinesischen Denker ein wenig näherbringen und beginne mein Unterfangen mit einigen Worten des großen Kon Fu Tze oder - wie sein Name dem Westen geläufiger sein dürfte - des großen Konfuzius. Noch bevor ich lesen konnte, hörte ich zu Hause seine unsterblichen Sentenzen. Hier einige Beispiele:

»Jammere nicht über Dein Los,
beschwere Dich nicht über andere.
Studiere das Verhalten der Menschen
und lerne alles über den Kreislauf der Welt.
Dann wird die Welt Dich verstehen.«

» Leben und Tod
gehören zum Schicksal.
Wohlstand und Ansehen
kommen vom Himmel.«

»Ein tugendhafter Mensch voller Güte
wird sein Leben lang
dieser ergeben bleiben
und ihr sein Leben weihen.«

»Wer etwas erledigen will, soll dies für andere tun.
Wer sein Ziel erreichen will, soll dies für andere tun.
So lebt man Gutherzigkeit.«

»Zolle Deinen Eltern gegenüber höchste Achtung.
Liebe und verehre Deine Geschwister,
auch wenn sie nicht mehr in Eurem Heim leben.«

»Sei stets auf der Hut, sei ehrlich und halte
Deine Versprechen.
Verachte niemanden und halte Dich stets
an die Tugendhaften.«

Und nun eine kleine Geschichte:

> Eines Tages wurde Konfuzius von einem Schüler gefragt, wie man ein tugendhafter Mensch werden würde.
> »Vervollkommne Dich, indem Du arbeitest«, antwortete der Meister.
> »Das ist alles«, erstaunte sich der Schüler.
> »Noch nicht ganz. Vervollkommne Dich, indem Du andere glücklich machst.«
> »Das ist nun aber alles«, rief der Schüler.
> »Noch nicht ganz«, wiederholte der Meister. »Vervollkommne Dich, um Dein Land glücklich zu machen.«

Erinnert Sie der letzte Satz an die amerikanische Forderung »Frage nicht, was Dein Land für Dich tut, sondern danach, was Du für Dein Land tun kannst«? Sie sehen, diese Einstellung entstammt ganz konfuzianischem Geist.

Jetzt eine Anekdote, die zeigt, dass Konfuzius nicht umsonst bis heute so berühmt geblieben ist:

> »Fünffach sind die Zeichen der Gutherzigkeit«, mahnte der Meister seine Schüler: »Ehrfurcht, Güte, Treue, Mut und Weisheit. Der Ehrfürchtige wird nicht beschimpft oder beleidigt werden; der Gütige wird von überall her Unterstützung erfah-

ren; der Treue wird das Vertrauen anderer gewinnen; dem Mutigen wird die Hilfe aller zuteil; und der, der weise ist, wird großen Erfolg sein Eigen nennen.«

Am 21. Oktober des Jahres 551 v. Chr. wird Kon Fu Tse im Fürstentum Lu auf der Halbinsel Schantung geboren. Sein Vater stammt aus einem alten Geschlecht und heiratete die jüngste Tochter eines Adeligen. Im Alter von fünfzehn Jahren beginnt Konfuzius die klassischen chinesischen Schriften zu studieren, ihre Lehre zu befolgen und überdies andere in eben diesen Lehren zu unterrichten. Mit achtundsechzig Jahren fängt er mit dem Verfassen jener Schriften an, die ihn als weisen und gerechten Denker auszeichnen und die bis heute Bestandteil der chinesischen Literatur sind.

Hier nun einige weitere seiner Weisheiten:

»Bedenkst Du
das Alter
Deiner Eltern,
macht Dich dies
einerseits froh,
andererseits unglücklich.«

»Reise nicht in allzu weite Ferne,
solange Deine Eltern
noch am Leben sind.
Musst Du es dennoch tun,
so lasse sie wissen,
wohin Du reist
und wann
Du wiederkehrst.«

»Übernehmen die einfachen Leute
die Etikette und den Stil,
so führt dies zu Ungeschliffenheit.
Übernehmen die Etikette und der Stil
die einfachen Leute,
so führt dies zu Oberflächlichkeit.«

»Ein tugendhafter Mensch versucht
einen Unterschied auszugleichen,
anstatt sich ihm anzupassen.
Ein tugendloser Mensch
passt sich anderen an,
anstatt den Unterschied auszugleichen.«

»Was immer zu viel ist,
wird zu wenig werden.«

»Sich selbst der Höflichkeit wegen zu zügeln,
das ist wahre Gutherzigkeit.
Achte nicht auf das, was nicht höflich ist.
Höre nicht auf das, was nicht höflich ist.
Sage nichts, was nicht höflich wäre.
Tue nichts, was nicht höflich wäre.«

Die Lehren des Konfuzius beeinflussen das chinesische Volk nunmehr seit über 2500 Jahren. Als er geboren wurde, war China noch nicht vereint, und es herrschte andauernd Krieg zwischen den verschiedenen Staaten. Die Drucktechnik war noch nicht erfunden und auch das Papier existierte noch nicht. Informationen wurden auf Bambusstücke graviert, die man anschließend mit Lederbändern aneinanderband. Eine einzelne Person konnte eine große Menge von dem, was auf diese

Weise kommuniziert werden sollte, schon vom Gewicht her gar nicht tragen, sodass für den Inhalt eines heutigen Buches ein Ochsenkarren nötig gewesen wäre.

»Die Ochsen schwitzend machen,
das Haus mit einem Floß füllen.«

lautete im alten China ein Sprichwort, das auf diese schwierige Weise der Informationsverwahrung anspielt.

In der chinesischen Geschichte gilt Konfuzius als der erste Lehrer - und er unterrichtete einen jeden, der willig war. Über dreitausend Schüler soll er im Laufe seines Lebens gehabt haben. Diese sammelten seine Lehren, die von Generation zu Generation weitergegeben und viele Jahrhunderte später unter dem Titel »Lun Yu«, das »Buch der Gespräche«, veröffentlicht wurden. Heute wird dieses Werk gerne auch als »Chinesische Bibel« bezeichnet, was seinem Schöpfer vor allem in Taiwan einen Platz in vielen Tempeln eingebracht hat, wo er in trauter Eintracht mit Lao Tse und Buddha gleichermaßen verehrt wird.

399 Jahre nach seinem Tod (478 v. Chr.) wird seine »Lehre« zur Staatslehre erhoben und selbst die heutigen Machthaber im modernen China entsinnen sich seiner hohen Moralität und fördern sein Gedankengut, um die kapitalistischen Auswüchse der neuen reichen Mittelschicht im Reich der Mitte einzudämmen.

Ehrfurcht, Güte, Treue, Mut und Weisheit - die Hauptprinzipien seiner Lehre - sind eben für jede Staatsform passend.

Konfuzius

Die Weisheit des Lao Tse

In der chinesischen Historie gibt es eine Überlieferung, nach welcher sich der junge Konfuzius mit dem großen Meister der Weisheit, Lao Tse, traf, um von ihm Auskunft über Riten und Zeremonien des altchinesischen Volkes zu erhalten. Obwohl Lao Tse ihm von solchen Fragen abriet und ihm eher abweisend gegenübertrat, wohl weil sich Konfuzius etwas eingebildet benahm, lehrte er ihn: »Banne den stolzen Geist, die vielen Wünsche, schmeichelndes Wesen, ausschweifende Pläne. Dies alles ist ohne Wert für die Persönlichkeit.« Konfuzius muss von Lao Tse und seinem Denken sehr ergriffen gewesen sein, denn er soll gleich nach der Begegnung seinen Schülern berichtet haben: »Was den Drachen betrifft, so bin ich außerstande zu begreifen, wie er Wind und Wolken besteigt und so gen Himmel fährt. Ich habe heute Lao Tse gesehen. Ist er nicht wie ein Drache?«

Kon Fu Tse und Lao Tze verhalten sich zueinander wie Feuer und Wasser. Während der Erste ganz auf Tugend und Lernen setzt, um das bestmögliche Resultat bei Menschen und für den Staat zu erzielen, neigt Lao Tse dazu, die Dinge einfach geschehen zu lassen, wie es in seiner berühmten »Tun-im-Nichttun»-Philosophie vermittelt wird. Er unternimmt keine Anstrengung, ein besonders tugendhafter Mensch zu werden, sondern folgt lieber dem Weg der Natur. »Sei wassergleich« ist eines seiner Mottos, ein anderes »Siege, ohne zu kämpfen.« Gerade diese beiden Aufforderungen haben viele Chinesen über zwei Jahrtausende stark beeinflusst – und der chinesische Fatalismus hat hier wohl seine Wurzel.

Su Dong Po, ein berühmter Dichter der Song-Dynastie und ganz der Weisheit des Lao Tse verfallen, brachte dieses Gefühl des Hingegebenseins an die natürliche Welt in wunderschöne Verse:

Wann wird der Mond wieder scheinen,
hebe ich mein Weinglas und frage den Himmel.
Gerne wüsste ich, welchen Tag man heute
im himmlischen Palaste schreibt,
und freudig würde ich mit dem Winde dorthin eilen,
doch fürchte ich des Gipfels strenge Kälte.

Der Dichter wusste, dass ein Gewinner von einem Moment auf den nächsten zum Verlierer werden kann, und dass der einzige Weg zu einem dauerhaften Sieg nur im Triumph über das eigene Ich liegt. Doch wer gar nicht an Kämpfen oder Siegen denkt, sondern alles mit Leichtigkeit nimmt, der hat ohnehin schon gewonnen. Auch der, der eine Niederlage als Prüfung sieht, ist aufgrund der in dieser Ansicht enthaltenen Weisheit ebenfalls schon ein Gewinner. Auf diese Weise gelingt es, trotz einer Niederlage glücklich zu sein. Und gerade eine solche Auffassung ist durch und durch taoistischer Natur, also von Lao Tse geprägt.

In der Geschichte der chinesischen Literatur stellt dieser Weise das allergrößte Rätsel dar. Er wurde im Lande Chu, im Staate Ku, geboren (einer Gegend, die den heutigen Provinzen Hunan und Hubei entspricht), in einem Dorf, das Li genannt wird. Sein Familienname ist »Li«, sein Vorname »Er« (was »Ohr« bedeutet), als Gelehrter trug er den Namen »Buo Yang« (»Graf Sonne«); nach seinem Tod nannte man ihn »Dan« (»Langes Ohr«) und das Volk bezeichnete ihn voller

Achtung als »Lao Dan« (»Altes langes Ohr«). Im alten China zeugte es von höchstem Respekt, als »alt« bezeichnet zu werden, denn Alter wurde stets mit Erfahrung und Weisheit in Verbindung gebracht. Er verwaltete das Kaiserliche Archiv während der Zhou-Dynastie (1122–256 v. Chr.). Man nimmt also an, dass er irgendwann in dieser Zeit geboren wurde, und wegen der überlieferten Begegnung mit Konfuzius (geb. 551 v. Chr.) hält man als Geburtsjahr den Beginn des sechsten vorchristlichen Jahrhunderts für wahrscheinlich.

Sein berühmtes Werk, das »Tao Te King«, beinhaltet nur etwas mehr als 5000 Worte und wurde dennoch zum »zweitmeistgelesenen« Buch nach der Bibel. Es gibt die Haltung seines Verfassers zum Tao wieder, also zum gesamten Kreislauf der Natur und des Lebens. Die Lehren des Lao Tse wurden zu einer der signifikantesten chinesischen Philosophien. Sie beeinflussten die Menschen über Tausende von Jahren – ihr Denken, ihre Lebensart und ihren Glauben; ich selbst kann mich da nicht ausschließen. Deshalb möchte ich an dieser Stelle einige Passagen aus diesem Werk zitieren, die mich besonders beeinflusst haben:

»Wer über andere triumphiert,
hat Macht,
wer über sich selbst triumphiert,
beweist Stärke.«

»Es gibt kein größeres Verbrechen,
als das Falsche zu begehren.

Es gibt keine größere Mühsal
als die Unzufriedenheit.

Es gibt kein größeres Unglück,
als den Sieg für sich selbst zu erringen.

Deshalb ist der, der Zufriedenheit verspürt,
stets zufrieden. «

» Das Beste ist es, um die Unkenntnis zu wissen.
Denken, so weiß man, ist töricht.
Nur wenn man ein Narr ist, kann man es vermeiden,
ein Narr zu werden.
Der Weise denkt nicht, er würde wissend sein,
daher ist er auch kein Narr. «

» Die größte Gefahr besteht
in der Unterschätzung des Feindes.

Den Feind zu unterschätzen
wird zum Verlust der drei Schätze führen.

Deshalb: Wenn zwei Heere gegeneinander kämpfen,
gewinnt dasjenige, das voller Kummer ist. «

» Der vollkommene Krieger prahlt nicht mit
seinem Mut.
Der vollkommene Kämpfer wird nicht ärgerlich.
Der vollkommene Gewinner enthüllt seine
Taktik nicht.
Der vollkommene Arbeitgeber demütigt seine
Angestellten nicht.
Das nennt man die Tugend des Nichtkämpfens.
Das nennt man die Fähigkeit, andere zu lenken.
Das nennt man die Vereinigung mit dem Himmel.
Seit alters ist diese das allerhöchste Ziel. «

»Tue das, was keiner Handlung bedarf.
Befasse dich mit dem, was keine Mühe macht.
Schmecke das, was keinen Geschmack hat.

Sieh das Kleine als das Große an.
Gleiche Feindschaft durch Tugend aus.
Gehe das Schwierige mit Leichtigkeit an.«

»Dem, der schnell Versprechungen macht,
sollte man misstrauen.
Wer alles als leicht ansieht,
wird viele Schwierigkeiten haben.
Deshalb erwartet der Weise sie
und begegnet ihnen nie aus diesem Grund.«

»Der Wissende schweigt.
Der Sprechende ist unwissend.
Er schließt den Mund, versiegelt seine Ohren.
Er zähmt die Geistesschärfe, streift seine Sorgen ab.
Er blendet sich selbst mit Licht,
wird eins mit dem Staub.
Dies ist es, was man ein »rätselhaftes Wesen« nennt.«

»Wer einen guten Namen hat,
kann nicht entwurzelt werden.
Wer sich festhält,
kann nicht ausrutschen.«

»Betrachte die anderen wie dich selbst.
Betrachte die Familien der anderen wie deine eigene.
Betrachte die Dörfer der anderen wie dein eigenes.
Betrachte die Länder der anderen wie dein eigenes.«

»Im Laufe des Lernens steigert man sich jeden Tag.
Im Laufe des Tao wird man täglich kleiner.
Kleiner und kleiner - bis man nichts mehr tut.
Nichts mehr tun - und doch ist alles getan.«

»Ohne nach draußen zu gehen,
kann man die Welt kennen.
Ohne aus dem Fenster zu blicken,
kann man das Tao des Himmels sehen.

Je weiter einer geht, umso weniger weiß er.

Deshalb der Weise:
Ohne zu gehen, weiß er alles.
Ohne zu sehen, erkennt er alles.
Ohne zu handeln, vollbringt er alles.«

»Was ist teurer: der Ruhm oder man selbst?
Was ist wertvoller: man selbst oder seine Besitztümer?
Was fügt größeren Schaden zu: haben oder verlieren?
Deshalb wird der, der am meisten geliebt wird,
sehr viel kosten.
Je mehr einer anhäuft,
umso mehr wird er verlieren.
Wer zufrieden ist,
wird nicht in Ungnade fallen.
Wer weiß, wann es Zeit ist, aufzuhören,
wird die Gefahr vermeiden.
Nur dann gibt es Langlebigkeit.«

So schön, tief und lehrreich all die obigen Weisheiten auch sein mögen - alles, was Lao Tse geschrieben hat, gipfelt in einer einzigen Naturbeobachtung, die für viele Menschen zu einer mutmachenden Handlungsmaxime par excellence geworden ist. Sie sei zum Abschluss hier aufgeschrieben:

»Nichts unter dem Himmel
ist sanfter und schwächer
als das Wasser.
Und doch vermag nichts es zu übertreffen,
wenn es darum geht,
das Harte und das Starke anzugreifen,
nichts kann es ersetzen.
Deshalb überwindet das Weiche das Harte,
übertrifft das Schwache das Starke.«

Tao

Die Weisheit des Buddha

Vor allem in Taiwan ist es Sitte, dass in vielen Tempeln oftmals die drei großen geistigen Lehrer, die das chinesische Denken über die Jahrtausende so nachhaltig beeinflusst haben, nebeneinander ihren Platz finden und von der Bevölkerung und den Gläubigen verehrt werden. Für Besucher aus dem Westen mag dies sonderbar erscheinen, aber für uns ist es Normalität. Woran das liegt, wird aus dem Folgenden sicher erklärbar werden.

Ich lebe heute in Rom, der Hauptstadt des katholischen Glaubens. Mit den vielen Menschen, die ich aufgrund meiner Arbeit treffe, unterhalte ich mich sehr oft über das Thema Religion. Sobald die Sprache auf Buddha kommt, bin ich erstaunt zu hören, dass er immer mit jenem fast entrückten Lächeln, das den Buddhastatuen eigen ist, assoziiert wird. Kaum einer scheint zu wissen, dass Buddha nicht nur eine bedeutende historische Person ist, sondern dass es viele Buddhas gibt, die jeweils für eine innere Gabe oder eine Wunschvorstellung stehen. So gibt es etwa den Buddha des Mitgefühls, den Buddha der Wiedergeburt, den Buddha der Heilung usw. Zu diesen Figuren gesellen sich dann noch die Bodhisattvas, die Helferbuddhas, deren Anzahl ebenfalls unendlich groß ist.

»Wer erleuchtet wird (damit ist eigentlich das Erwachen nach innen gemeint – und das Wort Buddha bedeutet auch ›Der Erwachte‹), wird Buddha werden«, heißt es in der Überlieferung. Was ist damit gemeint? Eigentlich nichts anderes, als dass jeder die Chancen besitzt, diesen Zustand des glückseligen Insichruhens zu erreichen. »In dem Moment, in dem der Metzger sein Messer aufgibt, wird er zum Buddha«, sagt ein bekanntes Sprichwort.

Die Lehren Buddhas sind äußerst zahlreich (manche Quellen sprechen von 84 000!), doch die Quintessenz ist auch dem Normalsterblichen verständlich. Im Wesentlichen liest sie sich so:

» Gib Dein Ego auf – so können Dir die
Gefühlszustände Liebe, Freude, Glück, Hass,
Wut, Trauer und Sehnsucht nichts anhaben. «

» Sei guten Willens – habe Mitleid mit
allen Wesen. «

» Fürchte Dich nicht vor dem Leben,
dann fürchtest Du Dich auch nicht vor dem Tod. «

Buddha hatte erkannt, dass das Leben voller Kummer und Schmerz, gleichzeitig voller Glück und Freude ist. Eine der größten Freuden ist die körperliche Liebe, die seelisch-geistige Liebe ruft höchstes Glück hervor.

Doch im Vergleich zu dem, was es heißt, die Furcht vor dem Leben und dem Tod zu überwinden, ist der Stellenwert dieser beiden eher gering. Auch scheinen der Kummer, den Armut verursacht, und der Schmerz, den Krankheit hervorruft, unerträglich. Aber auch hier gilt: Vergleicht man sie mit dem Schmerz, den Lebens- und Todesfurcht hervorrufen, dann kommen sie einem äußerst klein vor. Als Buddha erkannt hatte, wie man diese Furcht überwinden kann, wurde er »erleuchtet«, d. h., er erwachte und erkannte das Geheimnis von Leben und Tod. Im Buddhismus nennt man dies »die andere Seite erreichen«. Kürzlich sah ich in einer spirituellen Zeitschrift ein sehr heiteres Cartoon: Rechts saß ein alter Meister vor einem hohen Berg und war offenbar ganz in sich versunken. Ihm gegenüber, auf der linken Seite, war ein junger Pilger abgebildet, der zu ihm wollte. Doch zwischen beiden schlängelte sich ein Fluss. »Meister, wie gelange ich zur anderen Seite«, rief der Pilger hinüber. »Du bist auf der anderen Seite«, ließ daraufhin der Meister verlauten.

Der Sinn dieser Antwort ist mehrdeutig. Zum einen ist es offenbar nicht so einfach, wie man denken möchte, zu »erwachen«, zum anderen ist dies auch immer eine Frage des Standpunkts. Manche sind erwacht und wissen es nicht, andere halten sich dafür und sind es hingegen nicht. Die Basis der buddhistischen Unterweisung ist eben nicht, was man glauben soll oder nicht, sondern der Versuch, zu einem tieferen Verständnis seiner selbst zu gelangen und damit zu einem Verstehen des Mysteriums des Lebens, um schließlich die Furcht vor dem Tode zu verlieren.

Und wie ist das möglich? Der historische Buddha gibt uns die Antwort: Bevor er zum Buddha wurde, war er ein indischer Prinz, Siddharta Gautama, der um das Jahr 500 v. Chr. das Licht der Welt in Nordindien, an der Grenze zum heutigen Nepal, erblickte. Der Legende nach verließ er bis zu seinem (vermutlich) 35. Lebensjahr den Palast seiner Eltern nicht ein einziges Mal und lebte dort in reinstem Luxus. Er sollte von den unangenehmen Seiten des Lebens ferngehalten werden – so der Wunsch seiner Eltern. Doch da niemand Wissbegierde im Keim ersticken kann, unternimmt Siddharta verschiedene Erkundungen außerhalb des Palastes und muss erschrocken feststellen, dass das Leben nicht nur das war, was er bisher kennen gelernt hat, sondern dass es auch Krankheit, Alter und Tod gibt. Da beschließt er, alles Weltliche aufzugeben - einschließlich seiner Eltern, seiner Gattin und seines Sohnes -, um als Wanderpriester umherzuziehen. Aber auch da findet er nicht, was er sucht. Doch als er eines Tages die Entscheidung trifft, sich ganz und gar der inneren Versenkung hinzugeben, geschieht es, dass er, unter einem Bodhibaum sitzend, am 49. Tag »erwacht«. Anschließend zieht er mit seinen Jüngern durch Nordindien und verkündet - bis er mit 80 Jahren seinen Körper verlässt - seine Erkenntnisse und seine Ethik. Diese nennt man heute den *Achtfachen edlen Pfad*. Begeht man ihn, kann man das Leid der Welt überwinden und die Furcht vor dem Tod ablegen. Es sind acht Handlungen, durch die der Mensch dieses höchste aller Ziele erreichen kann:

- Rechte Anschauung
- Rechte Gesinnung
- Rechtes Reden
- Rechtes Handeln
- Rechtes Leben
- Rechtes Streben
- Rechtes Denken
- Rechtes Sichversenken

Natürlich ist das (nur) die Quintessenz der Lehre Buddhas, aber ich bin der Ansicht, sie reiche durchaus, verständlich zu machen, dass jede Form der Anhaftung, mit der auch die Vergänglichkeit einhergeht, eben dazu führt, mehr vom Leid(en) als von der Freude heimgesucht zu werden. Deshalb setzt ein glückliches Leben eine Loslösung von allem Irdischen voraus. Wer seine Anhaftungen aufgibt, der kann das erreichen, was Buddha sich für jedes Wesen wünschte. Dabei sind die Gefühle nicht einfach zu unterdrücken, sondern durch die Meditation gelingt es, ihnen »auf den Grund zu gehen«, um sich und andere besser zu verstehen. So gesehen steckt im Buddhismus auch eine Vorform der Psychoanalyse.

Für mich wichtige Erkenntnisse aus dem Buddhismus - von Buddhas Schülern oder später von Mönchen aufgezeichnet - gibt es unendlich viele. Dennoch möchte ich aus diesen einige auswählen, um sie meinen Lesern vorzustellen, denn schließlich will ich diese ja zu einem guten und gesunden Leben anleiten:

»Halte Dein Verlangen und Deinen Dünkel
im Zaum. Auf diese Weise befreit sich
der Suchende vom ewigen Kreislauf
des Lebens und des Todes.«

»Lasse Dich nicht auf Lügen,
Geschwätz und anderes gedankenloses Reden ein.«

»Widerstehe der Versuchung.
Zügle Dein Verlangen nach Materiellem.
Meditiere und gelange zu höchster Freude.«

»Sehnsucht und Zorn werden vergehen,
sobald Du aufhörst,
Dich um die Früchte Deiner Handlungen
zu kümmern.«

»Einen Unschuldigen zu verletzen
ist, als würde man Sand in den Wind werfen.
Er wird einem wieder ins Gesicht geblasen.«

»Beruhige Deinen Geist wie einen
zerbrochenen Gong.
Du wirst alle Unruhe hinter Dir lassen
und Erleuchtung erlangen.«

»Wer steht am höchsten?
Der, der ohne Verlangen ist.
Denke klar und lerne ohne Unterlass.
Beherrsche Dich und sei freundlich zu allen Wesen.
Dies ist ein wahrer Segen.«

»Dein Körper ist nur der äußere Schein,
hinter dem sich Verfall und Tod verbergen.
Achte rechtzeitig auf das, was wirklich ist.«

»Viele Blumen können eine Girlande bilden,
viele gute Taten vermögen großen Gewinn
zu bringen.«

»Halte Deinen Geist nicht mit Vergänglichem auf.«

Vor vielen Jahren, als gerade mein erstes Buch in Deutschland erschienen war, fragte mich mein Verlag, ob ich nicht dieses oder jenes Buch übersetzen wollte. Ich dachte lange darüber nach, aber dann war meine Antwort klar. Außer dem *Tao Te King* und dem *I Ging*, also den klassischen chinesischen Texten, würde ich nichts übersetzen wollen (vielleicht eines Tages noch die Worte des Konfuzius). Nach vielen Büchern war ich reif für diese Tat, und ich übertrug diese beiden für die chinesische Kultur so wichtigen Werke. Während ich daran arbeitete, kam es mir vor, als würde ich von Tag zu Tag reifer. Denn ich erkannte mehr und mehr, dass unser Denken, Fühlen und Handeln so stark von Buddha, Lao Tse und Konfuzius beeinflusst sind, dass nicht einmal die grausame Kulturrevolution es schaffte, die Lehren der großen Drei auf den Scheiterhaufen der Geschichte zu werfen. Und heute? Heute versucht man, die Lehren der Meister mit den Verlockungen des westlichen Lebensstils zu vermengen. Ob das gut geht? Andererseits: Was soll daran schlecht sein? Auch dies wird nicht das Ende der Geschichte sein. Denn - wie schon Buddha sagte: *Leben bedeutet Unbeständigkeit.*

IM
TEMPEL
DER
STILLE

Die Blüten des Feigenbaums
zu bewundern
gleicht dem Blick
in des Lebens Ewigkeit.

Versuche, schlangengleich zu sein.
Jahr für Jahr
befreit sie sich
erneut
von ihrer Haut,
damit
das Leben
weitergeht.

Inneren Glanz finden

Eines Tages ging ich in meiner Heimat einen staubigen Pfad entlang, von dem ich nicht wusste, wohin er mich führen würde. Lange war ich schon unterwegs, als ich eine Gebirgskette erreichte. Der Weg wurde bald steiler und lenkte meine Schritte in vielen Windungen auf eine Anhöhe. Weit ging mein Blick über das Land und fiel dann auf einen Tempel, der sich auf einem Plateau erhob, das von zwei Bächen umflossen wurde. Nicht lange und sie vereinten sich wieder und wurden zum Fluss, der sich seinen Weg hinunterbahnte, in die Ferne, hinaus zum Meer. Der Sonnenuntergang färbte die See golden, und es schien, als würde sie direkt in den Himmel fließen. Die letzten Strahlen fielen auf das Dach des Tempels und hüllten es in einen fast überirdischen Glanz. Ich musste diesem Glanz folgen. Als ich näher kam, nahm ich die Umrisse des Gebäudes deutlicher wahr: In seiner Mitte erhob sich die Gebetshalle, deren Außenwände mit vielen Schriftzeichen verziert waren; zwei Steintreppen führten bis unter das Dach, wo sich ein offener Andachtsraum befand. Davor hing an gewaltigen Holzsäulen ein riesiger Gong sowie eine mächtige Trommel.

Ehrfurchtsvoll trat ich an den Eingang heran und betrat ohne Umwege die Gebetshalle, in der sich einige schwarz gekleidete Mönche aufhielten. Es war die Stunde des Abendgebets. Ich beobachtete, wie sich die Mönche in einer Reihe aufstellten, die Hände vor dem Gesicht falteten, sich dann niederknieten und mit der Stirn den Boden berührten. Dabei wandten sie die Handflächen nach außen, um auf diese Weise Buddha ihr Herz zu schenken. Diese Zeremonie wiederholten sie drei Mal. Danach umschritten sie im Kreis wieder und wieder den Innenraum der Gebetshalle, die sich mehr und mehr mit den Gesängen der Mönche füllte. Es war, als würde die Musik schweben, und sie klang, als käme sie aus einer anderen Welt. Da erschien der Vorsteher des Klosters, trat in die Mitte des Raumes und sprach:

» Ihr Gutherzigen und Wissbegierigen! Ihr seid hierhergekommen, um zu lernen, wie man zur anderen Seite gelangt. Dies gelingt, wenn man das große Fühlen in sich trägt. Großes Fühlen ist rechtes Fühlen. Rechtes Fühlen bedarf großer Weisheit. Weisheit erreicht man nicht durch vieles Beten, sondern nur durch Taten, die man mit rechtem Herzen ausführt. Denn Gebete, die allein den Lippen entweichen, gleichen dem Tau des Morgens oder den Blitzen des Abends. Beides vergeht nach kurzem Augenblick. Gebete aber, die vom Herzen stammen und sich mit den Worten aus dem Mund vereinen, zeigen den Urgrund des großen Fühlens auf, das Fundament der Buddhaschaft. Das große Fühlen ist unermesslich. Es kennt keine Grenze, keine Form, keine Farbe, keine Freude, keinen Zorn, keine Echtheit, keine Falschheit, kein Gutes, kein Böses, keinen Anfang und kein Ende. So ist die andere Seite. Wenn man zu ihr gelangen will, muss man werden wie das große Fühlen. «

Nachdem ich die Worte des Meisters vernommen hatte, trat ich an ihn heran. Da fragte er: »Woher kommst Du? Und was möchtest Du hier« »Ich komme, woher ich komme«, antwortete ich, »und ich bin auf der Suche nach dem großen Fühlen.« Der Meister wandte sich wortlos ab und begab sich zu den Mönchen. Es wurde Tag, es wurde Nacht. Mit dem jungen Morgen gingen einige der Mönche in die Küche, andere holten Wasser vom Brunnen, wieder andere begannen, im Vorhof Holz zu spalten. Einige schickten sich an, den Boden der Gebetshalle zu putzen, und andere kümmerten sich um den Gemüsegarten. Keiner von ihnen beachtete mich, weshalb ich mich entschloss, überall dort hilfreich zu sein, wo es nötig war.

Es dauerte nicht lange und man lud mich ein, im Kloster zu bleiben - solange ich wollte. Ich nahm dankend an und ergriff dabei die Gelegenheit, täglich die Treppen, die zum Dach des Tempels führten, mit einem Bambusbesen zu kehren. Im Laufe der Zeit wurde diese Arbeit zu meiner inneren Versenkung. Denn je öfter ich die Treppen fegte, desto mehr befreite sich mein Herz von dem Staub, der sich seit den Tagen meiner Jugend dort angesammelt hatte. Eine weitere Arbeitsmeditation bestand darin, jeden Tag die Blumen vor den Buddhastatuen in der Gebetshalle zu arrangieren. Während ich einmal damit beschäftigt war, Lotosblumen vor Kuan-Yin, den weiblichen Buddha des Mitgefühls, zu stellen, erschien der Meister und sprach zu mir: »Du bist vortrefflich, aber Du warst es auch schon in Deinem letzten Leben, und Du wirst es auch in Deinem nächsten sein. Nur wer den inneren Glanz findet, wird im großen Fühlen leben können.«

An einem anderen Tag wollte ich wie gewohnt meine Kehrarbeit aufnehmen. Ich stieg eine der Treppen empor und sah den Meister im Andachtsraum meditieren. Ich dachte, er würde mich nicht wahrnehmen, doch plötzlich vernahm ich seine Stimme: »Hast Du heute keine Stunde der Unterweisung?« »Warum fragst Du dies, Meister«, erwiderte ich. »Weißt Du nicht, dass ich zu jeder Zeit und an jedem Ort Unterweisung erfahre«, fuhr ich fort. Da winkte der Meister mich zu sich heran und sprach: »Komm zu mir, denn ich möchte mit Dir über das Mitgefühl reden.« Ich setzte mich also zu ihm und lauschte seinen Worten:

»Wer das rechte Fühlen kennt, vermag alle Wesen zu verstehen. Denn die Gefühle aller Wesen leben schon in Deinem Gefühl. Siehst Du Menschen gute oder schlechte Taten ausführen, so sollten weder die guten noch die schlechten Taten Dich berühren. Wenn Dein Herz die Leere kennt, kennt es auch die Fülle. Die Leere ist das große Fühlen. Das große Fühlen ist Liebe. Die Fülle ist das große Fühlen. Das große Fühlen ist Mitgefühl. Es ist überall. Wenn Du es lebst, nimmt es Gestalt an und wird sichtbar. Damit erreichst Du alle Wesen. Alle Wesen sind eins. Eins sind alle Wesen. Das Mitgefühl ist frei. Es ist in Deinem ganzen Sein. Es stammt aus Dir selbst und tritt nicht von außen auf Dich zu, auch wenn es überall ist. Es ist überall, weil Du überall bist. Das Mitgefühl ist sichtbar, aber es hat keine bestimmte Form. Und doch sieht es wie Liebe aus, weil es die Liebe ist.«

Nach diesen Worten überlegte ich eine Weile und sagte: »Du meinst also, es verhält sich wie mit den Wogen des Meeres? Man sieht immer andere Wellen und doch bleibt es dasselbe Meer?« »Das Mitgefühl ist wie der Staub, den Du täglich von der Treppe kehrst«, antwortete der Meister. »Nach der Arbeit meinst Du, er sei fort, doch am nächsten Morgen ist er wieder da. So ist die Liebe. Auch wenn Du sie nicht siehst, ist sie hier. Das Mitgefühl lebt im Herzen Buddhas. Buddha ist Erwachen. Erwachen ist Liebe. Alle Lebewesen bedürfen ihrer, um das Leid zu überwinden und an die andere Seite zu gelangen.«

Es war ein Morgen, an dem ich den Tempel verließ. Diesmal waren es die Strahlen der aufgehenden Sonne, die das Dach des Klosters golden färbten. Ich trat auf den Weg hinaus, der mich hierhergebracht hatte. Nun wusste ich, wohin er mich führen würde...

Glanz

Übung, den inneren Glanz zu finden

- Suchen Sie sich einen Platz in Ihrer Wohnung oder Ihrem Haus, an dem Sie sich bequem niederlassen können. Stellen Sie alle elektrischen Geräte ab, auch das Telefon. Tragen Sie Kleidung, die Sie nicht einengt. Setzen Sie sich auf dem Boden im Schneidersitz hin, wenn es geht, im Lotossitz. Schließen Sie nun die Augen und beginnen Sie, sich auf Ihren Atem zu konzentrieren. Atmen Sie dabei ruhig ein und aus.

- Nun stellen Sie sich vor, dass alle Menschen, die Sie lieben, die Hände nach Ihnen ausstrecken. Schauen Sie im Geiste in die Augen dieser Menschen und erkennen Sie darin den Glanz, den sie ausstrahlen, wenn sie auf Sie blicken. Ergreifen Sie in Gedanken die Hände dieser Menschen und drücken Sie sie fest.
  Mit einem Mal merken Sie, dass die Energie dieser Menschen auf Sie übergeht.
  Sie spüren, wie sehr Sie diese Menschen lieben.

- Nun stellen Sie sich die Menschen vor, die Sie nicht lieben, weil sie Ihnen nichts Gutes getan haben. Vielleicht haben sie Sie belogen, vielleicht betrogen, vielleicht bestohlen ... Nehmen Sie diese Menschen in Ihre Arme, drücken Sie sie fest an sich und verzeihen Sie ihnen. Machen Sie sich bewusst, dass man Sie nicht belogen, betrogen, bestohlen etc. hätte, wenn Sie diesen Menschen nicht die Möglichkeit dafür eröffnet hätten. Versuchen Sie, auch diese Menschen zu lieben. Versuchen Sie, Mitgefühl (nicht

Mitleid!) für sie zu empfinden. Denn sicherlich war es auch für sie nicht leicht, Ihnen das anzutun, was sie Ihnen angetan haben.

- Sprechen Sie dabei immer wieder die Silben:

  Won So Mo La So Mo La Mi Mo Na Sa Ha La Mo Ho Zan Ha La Han

  (Dies ist das Gebet für alle Lebewesen der Erde.)

  Mit einem Mal werden Sie merken, wie Ihr Inneres zu leuchten, zu strahlen beginnt. Der Glanz von innen wird Sie ganz umfassen und sie werden tiefes Glück und große Zufriedenheit verspüren.

- Öffnen Sie langsam die Augen, wenn Sie meinen, dass es Zeit dafür sei.

Innere Versenkung üben

Alles war gleich geblieben. Der See lag noch immer da, als würden ihn die Winde, die von den Bergen kommen, niemals berühren und als könnten die Wolken, die über ihn zogen, auf ihm schwimmen; die Insel in der Mitte des Wassers strahlte tiefen Frieden aus. Als ich mich ihr näherte, konnte ich wahrnehmen, dass sich doch etwas verändert hatte. Der Tempel, dessen Mauern schon zur Zeit meiner Kindheit brüchig waren, trug nun ein neues prächtiges Gewand. Es leuchtete inmitten der Weidenbäume und ergänzte die Farbpalette der verschiedenen Lotosblüten in den Teichen auf dem friedvollen Eiland. Das neue Dach des Tempels sah aus, als würde es von den taubenetzten Blättern des Lotos bedeckt. Doch die größte Überraschung bot sich mir, als ich die Gebetshalle betrat. Dort, in der Mitte, saß mit geschlossenen Augen jener Mönch, bei dem ich vor Jahren in dem Kloster, über das ich vorher schrieb, das Wesen des Mitgefühls erfahren hatte, um dann auf meinem eigenen Weg dieses Wissen zu leben. Der Mönch schien sich überhaupt nicht verändert zu haben. Voller Achtung näherte ich mich, legte die Hände vor der Stirn zusammen, verneigte mich und sprach: »Meister, warum hast Du Dein altes Kloster verlassen?« Langsam öffnete er die Augen und sprach mit seiner gütigen Stimme: »Mein Körper ist nicht mein Körper.«

Erstaunt fragte ich nach: »Aber wenn Dein Körper nicht Dein Körper ist, wessen Körper ist dann unser Körper?« Der Meister antwortete: »Wenn Du meinst, dass der Ort, an dem Du lebst, Dein Heim ist, dann bist Du eingesperrt. Nimm ihn als Herberge, in der Du einen Tag nach dem anderen weilst, und Du wirst frei sein. Siehst Du hingegen Deinen Körper als Deinen Körper an, dann bist Du in ihm gefangen. Nimmst Du ihn aber als Bündel, das Du Tag für Tag mit Dir herumträgst, dann wirst Du die Freiheit spüren können. Ein Mönch, der seinen Tempel nicht als Tempel ansieht, aber einen Tag nach dem anderen darin verweilt, ist frei, auch wenn er in einem anderen Tempel lebt. Das Geheimnis, sich nicht selber einzusperren, findet der Mönch, indem er lernt, vom Sichtbaren weit entfernt zu sein. Erst dann vermag er sein eigenes Wesen zu erkennen. Und dadurch findet er zu wahrem Erwachen.«

»Und kann dies durch stete innere Versenkung gelingen«, fragte ich neugierig und ließ mich in seiner Nähe auf einem Gebetskissen nieder. Da erhob sich der Mönch und erwiderte: »Du Wissbegierige! Die große Stille findest Du allein in Deinem Herzen, egal, ob Du Dich bewegst oder nicht, ob Du fastest oder nicht, ob Du sitzt oder nicht, ob Du schläfst oder nicht oder ob Du nackt bist oder nicht. Wenn Du eine Tasse Tee trinkst, trinke sie und versuche nicht, etwas anderes zu tun. Aber mache dies nicht zwanghaft, sondern weil Du Dir des Sinns bewusst geworden bist. Innere Versenkung ist nicht etwas Mechanisches, etwas, das man jeden Tag üben müsste; denn wenn es sich so verhielte, würde man sich selbst einsperren.«

»Du bist also gegen Meditation«, unterbrach ich ihn. »Wer zu meditieren verlangt, ist auf der Suche. Wir alle sind Suchende. Doch welches Ziel hat unsere Suche? Die Meditation sucht die innere Versenkung. Die innere Versenkung sucht das innere Erwachen. Das innere Erwachen sucht die große Stille.« »Doch wozu suchen, wenn alles schon da ist«, fragte ich. »Auch wenn alles schon da ist«, gab der Meister sanft zurück, »heißt das nicht, dass es für alle erkennbar wäre. Aber man kann das Erkennen ja lernen.« »Durch Meditation?« »Durch Meditation.«

Langsam schritt der Meister durch die Gebetshalle. Ich folgte ihm ehrfürchtig. Im Klostergarten hielt er inne, betrachtete eine Päonie und sprach: »Meistens sind die Menschen traurig, wenn eine Blume verblüht. Sie sehnen sich nach ihrer Schönheit und ihrem Duft. Das ganze Dasein ist voller Sehnsucht ... der Sehnsucht nach Glück, nach Freude, nach Liebe, nach Besitz, nach einem langen Leben. Diese Begierden regieren den Menschen und lassen ihn oft voll Ärger, Hass oder Trauer sein. In der inneren Versenkung erfährt man, dass alles Streben vergebens ist. Hat man dies erkannt, ist man in der großen Stille angelangt. Dort trifft man auf sich selbst und ist nicht mehr beeinflussbar von der sichtbaren Welt.«

Daraufhin ließ er sich an einem der Lotosteiche nieder und begann zu chanten. Als der Meister sein Gebet beendet hatte, öffnete er die Augen und blickte verzückt in die Ferne, als ob er dort etwas Wunderbares wahrnehmen würde. Dann sprach er mit einer Stimme, die wie aus einer anderen Welt zu stammen schien: »Alles Sichtbare vergeht. Wenn Du aber das Sichtbare als unsichtbar ansiehst, dann findest Du die große Leere.« Daraufhin erhob er sich und ging seines Weges.

Innere Versenkung

Übung zur inneren Versenkung

- Suchen Sie einen Platz in Ihrer Wohnung oder Ihrem Haus, an dem Sie sich bequem niederlassen können. Stellen Sie alle elektrischen Geräte ab, auch das Telefon. Tragen Sie Kleidung, die Sie nicht einengt. Setzen Sie sich auf dem Boden im Schneidersitz hin, wenn es geht, im Lotossitz. Schließen Sie nun die Augen und beginnen Sie, sich auf Ihren Atem zu konzentrieren. Atmen Sie dabei ruhig ein und aus.

- Nun stellen Sie sich vor, wie der Boden unter Ihnen allmählich weicher und weicher wird. Langsam löst er sich ganz auf, sodass er nicht mehr vorhanden ist. Unter Ihnen öffnet sich ein tiefes schwarzes Loch, in das Sie nun fallen. Dieses Fallen geschieht jedoch nicht schnell, sondern mit unendlicher Langsamkeit. Sie spüren keine Furcht dabei, im Gegenteil, es bereitet Ihnen ungeahnte Freude, so hinabzugleiten. Immer tiefer führt Sie Ihr Weg. Alles um Sie herum ist dunkel und wird immer schwärzer. Noch immer fallen Sie, tiefer und tiefer wird der Abgrund, in dem Sie sich bewegen. Aber Sie empfinden keine Angst, Ihre Freude wird immer größer. Sie vergessen alles, was Sie bisher belastet hat, sie sind schwerelos und schweben im Dunkel des Anfangs aller Dinge.

- Plötzlich sehen Sie ein helles Licht. Es wird immer strahlender. Mit einem Mal befinden Sie sich in einer goldenen Höhle, in der es nichts gibt außer helles, wunderschönes, strahlendes

Licht. Sie tauchen in dieses Licht ein, Sie werden dieses Licht. Sie sind bei sich angekommen.

- Sprechen Sie dabei immer wieder die Silben:

  Na Mo San Man Do Mo Tou Na Won Du Lu Du Lu Zei Wei Sa Po Ho

  (Dies ist das Gebet, um die Erde zu heilen.)

- Genießen Sie diesen Zustand, solange Sie können. Öffnen Sie langsam die Augen, wenn Sie spüren, dass die Zeit dafür gekommen ist.

Innere Kraft zeigen

Der helle Klang der Tempelglocke stieg in den wolkenlosen Himmel und kehrte von dort zu den sorgenfreien Bergen zurück, welche die mit dichtem Grün bewachsenen Hügel fast mühelos überragten. Das Läuten durchbrach die Stille und schien sich erst nach einer Weile zu entscheiden, wohin es sich wenden wollte. Viele verschlungene Pfade durchzogen die Gegend – doch am Ende desjenigen, der sich den größten Hügel hinaufwand, fand sich die Quelle der Töne: eine gewaltige Tempelanlage mit rotem Zaun und grünem Dach thronte da auf dem Gipfel; und etwas weiter dahinter sah man eine zweite, sehr ähnliche Anlage; und hinter dieser eine dritte, welche das Gesamtensemble komplettierte.

Mein Vater und ich, die wir hierher in den Süden Taiwans gekommen waren, um diesen Tempel aufzusuchen, waren überwältigt von den Dimensionen und der

Magie, die er auf die Besucher auszustrahlen schien, denn alle waren wir sprachlos angesichts einer solchen Pracht. Als wir dann schließlich die Gebetshalle betraten, konnte ich meine Überraschung nicht verbergen: In der Mitte standen auf einem einzigen Altar drei Statuen - eine von Buddha, eine, die Konfuzius darstellte, und eine, die Lao Tse zeigte.

Wie praktisch, dachte ich, die ich damals noch sehr jung war und noch nicht die Klostererfahrungen, die ich vorher beschrieb, gemacht hatte. Ich musste lächeln: Dieser Tempel bot jedem etwas, egal, welcher Richtung er anhing. Zu meinem Vater gewandt fragte ich: »Wie ist es möglich, dass es einen Raum für alle drei Verehrungswürdigen gibt?« »Das ist doch nichts Außergewöhnliches«, gab er zurück, »wir Chinesen - und speziell wir, die wir in Taiwan leben - schätzen doch Buddha, Konfuzius und Lao Tse gleich hoch ein. Alle haben uns bis auf den heutigen Tag geprägt. Da ist es doch nur sinnvoll, wenn sie alle in einem einzigen Tempel verehrt werden.«

Das leuchtete mir ein. Was mir aber nicht gefiel, war, dass immer mehr Besucher in die Gebetshalle strömten, die sich nach und nach füllte, sodass wir bald kaum mehr Platz hatten, uns zu bewegen. Außerdem hatte ich das Gefühl, dass diese Menschen nicht wirklich tiefgläubig waren, denn sie verhielten sich eher laut als respektvoll. Enttäuscht nahm ich meinen Vater an der Hand und zog ihn von der Menge fort. Während wir schweigend durch die Tempelanlage gingen, nahm eine kleine, völlig leere Gebetshalle meine Aufmerksamkeit in Bann. Irgendeine Macht lenkte mich hier hinein, als hätte ich einen geheimen Weg betreten; und nicht nur ich, auch mein Vater spürte, dass dort eine ganz besondere Energie herrschte; etwas, das man nicht sehen konnte, das man jedoch zu spüren vermochte, etwas, das man nicht anfassen konnte, das aber dennoch da war. Plötzlich füllte sich mein Herz mit einer Freude, die mir bis zu diesem Tag fremd gewesen war. Ich ahnte: Ich musste hier verharren - und meinem Vater erging es ebenso. Und so blieben wir, bis die Dunkelheit sich über die gesamte Anlage legte. Aber die Nacht mit ihrer Schwärze ängstigte uns nicht - im Gegenteil: Wir blieben wach, wir beteten, wir meditierten - so intensiv, wie wir es noch nie zuvor getan hatten.

Ich konnte damals noch nicht wissen, dass mir diese Stunden im Tempel etwas offenbarten, das sich mir erst viel später in seiner ganzen Fülle enthüllen sollte. Was ich an diesem Tag erfuhr und erst Jahre später schließlich zu verstehen begann, das, was damals die Gebetshalle erfüllte, war das reine, unverfälschte, ewige Chi, die Kraft des Lebens, die Lebenskraft, die das gesamte Universum erfüllt und ohne die es nichts gäbe, nicht einmal das Nichts.

Universum

Übung, innere Kraft zu zeigen

- Suchen Sie einen Platz in Ihrer Wohnung oder Ihrem Haus, an dem Sie sich bequem niederlassen können. Stellen Sie alle elektrischen Geräte ab, auch das Telefon. Tragen Sie Kleidung, die Sie nicht einengt. Setzen Sie sich auf dem Boden im Schneidersitz hin, wenn es geht, im Lotossitz. Schließen Sie nun die Augen und beginnen Sie, sich auf Ihren Atem zu konzentrieren. Atmen Sie dabei ruhig ein und aus.

- Sie werden jetzt stiller und stiller. Alles um Sie herum ist in Stille gehüllt. Sie selbst werden zur Stille. Es gibt nun nichts mehr, das Sie innerlich bewegen könnte. Sie sind bei sich angekommen. Alle Ärgernisse gehören der Vergangenheit an. Vor Ihnen liegen das Tal der Zuversicht und die Berge der Hoffnung. Jetzt spüren Sie die Kraft, die die Pflanzen im Tal und die Bäume auf den Bergen wachsen lässt. Sie spüren die Kraft der Erde, der Luft, des Windes, des Himmels. Sie spüren, wie diese Kraft in Sie eindringt und Sie ganz und gar erfüllt. Sie werden diese Kraft, Sie tragen Sie zu anderen Menschen, und Sie wissen nun: Es kann Ihnen nichts geschehen. Sie sind stark, Sie sind voller Lebensmut, alles wird sich zu Ihren Gunsten wenden. Nichts wird Sie mehr bedrängen, die Probleme lösen sich auf, das Gute zieht das Gute an. Himmel und Erde werden eins in Ihnen, sie sind nun Teil des gesamten Universums und nicht mehr von ihm getrennt.

- Sprechen Sie während dieser tiefen Versenkung immer wieder die Silben:

  Won Wa Zi La Da Ho Ho Hu

  (Dies ist das Gebet, um den Geist zu reinigen.)
- Genießen Sie diesen Zustand, solange Sie können. Öffnen Sie langsam die Augen, wenn Sie spüren, dass die Zeit dafür gekommen ist.

DAS
SCHLAUE
KANINCHEN

Ich sehe
keine Menschen vor mir.
Ich sehe
keine Menschen hinter mir.
Ich sehe nur
die Erde und den Himmel,
den Himmel und die Erde.

Nicht selten gleicht das Leben einem Schlachtfeld und vieles von dem, was wir täglich unternehmen, artet in einen richtigen Kampf aus. In der Familie, unter Freunden, im Berufs- und Alltagsleben - nicht immer herrscht eitel Sonnenschein. Oft genug verkehrt sich das, was einst unter positiven Vorzeichen begann, in sein krasses Gegenteil. Dann entstehen Konfliktsituationen, bei denen ein jeder gewinnen möchte. Nur wenigen aber gelingt es, oft und anhaltend den Sieg davonzutragen. Um als Sieger aus einem Kampf hervorzugehen, bedarf es daher weniger der Kraft als vielmehr einer ausgeklügelten Strategie. Allein diese macht die Kunst des Kämpfens und des Gewinnens aus. Und da Gewinnen eben auch zu einem guten und gesunden Leben gehört, möchte ich hier drei Formen altchinesischer Taktik, die eher zu klugem als zu raffiniertem Verhalten gezählt werden können, beschreiben. Über Jahrtausende haben sie vielen Menschen geholfen, ihre Gegner zu bezwingen, sei es im öffentlichen oder im privaten Bereich.

Lächelnde List

Die Geschichte des chinesischen Reiches ist 5000 Jahre alt, doch während dieser ganzen Zeit gab es nicht eine einzige Friedensperiode, die länger als 100 Jahre währte. Politische und militärische Auseinandersetzungen, diplomatische Intrigen, Bürgerkriege, Revolutionen wechselten sich ab und hatten einen nicht enden wollenden Wechsel von Dynastien zur Konsequenz. Doch um alle diese Kämpfe austragen zu können, bedurfte es großer Strategen, Meister der List und Täuschung, deren Aufgabe es war, durch ihre gedankliche Arbeit ihrem Kaiser und ihrem Land zum Sieg zu verhelfen. Viele dieser Strategien wurden überliefert, sind heute als *Strategeme* sogar sprichwörtlich geworden und werden auf das alltägliche Leben angewandt, da die in ihnen verborgene Weisheit weit über ihren ursprünglichen Zweck der Kriegsführung hinausgeht. Vertieft man dieses altchinesische Wissen, ist es möglich, ohne großen Zeitaufwand die beste Strategie zu finden, um den größtmöglichen Erfolg auf kürzestem Wege zu erlangen - und zwar nicht nur, wenn die Situation günstig für einen ist, sondern auch - und gerade dann -, wenn sich das Schicksal gegen einen gerichtet zu haben scheint.

Lächelnde List

Es gibt Menschen, die Tiere zum Kämpfen abrichten; es gibt Menschen, die dafür ausgebildet sind, mit Tieren zu kämpfen; es gibt aber auch welche, die gelernt haben, wie man gegeneinander kämpft, alleine oder in der Gruppe. Doch wer immer diese Menschen sind und wie gut ihre Ausbildung auch sein mag, ohne die richtige Strategie werden nur die wenigsten gewinnen. Starke Muskeln ohne Gehirn garantieren noch keinen Erfolg; und ein Gehirn ohne Muskeln gleicht einem Baum ohne Wurzeln, der weder dem Sturm noch dem Regen widerstehen wird können; und selbst ein vortreffliches Gehirn ist ohne Muskeln wie ein Bäumchen, dessen Wurzeln noch Zeit zum Wachsen brauchen, damit später Sturm und Regen getrotzt werden kann.

Die Strategeme dagegen gleichen großen Bäumen mit tiefen Wurzeln. Hat man sie erst einmal entdeckt, kann man sicher sein, unter ihren Ästen und Zweigen Schutz zu finden. Wann immer man sie aufsuchen muss, wird man sich auf ihren Bestand verlassen können.

Letztlich sind Strategeme reine Lebens- und Überlebensphilosophie, mit der man sich und anderen helfen kann. Man sollte die Listen aber nicht anwenden, um andere zu verletzen, denn wer dies plant, muss damit rechnen, selbst verletzt zu werden. Daher ist es nötig, niemals zu vergessen, dass der Schmetterling und die Biene sich nicht gegenseitig töten, wenn sie um die Gunst der Blume buhlen, die beide bedienen wird, damit sie ihr helfen, auch weiterhin ihre Schönheit ausbreiten zu können.

Es ist die Vergangenheit, aus der man für die Zukunft lernen kann. Es ist der Erfolg anderer, an dem man sich selbst messen sollte. Und es sind die Fehler anderer, die einen die Wachsamkeit lehren. Nichts geschieht rein zufällig. Alles unterliegt einem Plan. Mit diesem Plan können Sie Meister Ihres Lebens sein, auch wenn noch ein bisschen Glück hinzukommen muss. Doch Glück bedeutet auch, den rechten Zeitpunkt, den rechten Ort und die richtige Person für sein Vorhaben zu finden. Die Strategeme helfen, das Glück zu erkennen, anstatt darauf zu warten, dass es irgendwann einmal von selbst eintritt. Als Meister des Lebens überlässt man nichts dem Zufall und ist immer gewappnet. Deshalb gehört man dann auch zu der kleinen Gruppe der Sieger und Gewinner.

Im Folgenden habe ich nun zehn Strategeme ausgewählt, die Ihnen helfen können, Ihr Leben so zu führen, wie *Sie* es wollen.

Lärmen im Osten, angreifen im Westen
Durch die Kunst der Ablenkung vermag man sein Ziel zu erreichen. Oft ist eine solche List nötig, denn nicht immer führt der direkte Weg zum Erfolg.
Um der Aufmerksamkeit des Gegners eine andere Richtung zu verleihen, muss man ihn links küssen, um ihn rechts zu schlagen.

Die Stille nutzen, um Lärm zu machen
Diese Taktik ist angebracht, wenn man möchte, dass sich das Gegenüber sicher wähnt. Während es meint, nichts fürchten zu müssen, weil nichts geschieht, folgt der Überraschungsangriff. Man kann auch vorgeben, etwas zu tun, um gleichzeitig etwas anderes zu unternehmen.

Auf die Ohren der Wände achten

Es gibt kaum ein Geheimnis, das einem anderen keinen Vorteil bringen würde. So kann das, was man verbergen möchte, einem plötzlich zum Nachteil gereichen, und man sieht sich Situationen ausgesetzt, die man nicht mehr selbst kontrolliert. Daher gilt: Geheimnisse nur dort weitergeben, wo man wirklich völlig sichergehen kann, dass kein Fremder sich ihrer später bedienen wird.

Was man fangen möchte, ziehen lassen

Bevor man Beute macht, ist es sinnvoll, das, was man fangen möchte, nicht sofort zu fangen. Denn nur so kann man seine Gewohnheiten erkunden, um dann, wenn man genügend Bescheid weiß, zuzuschlagen.

Eine Gräte nicht in einem Ei suchen

Sich selbst zu kritisieren bringt nur Vorteile mit sich. Andere zu tadeln kann zu großem Schaden führen.

Eine List umkehren

Hat man eine fremde List erkannt, besteht die eigene darin, vorzugeben, sie nicht erkannt zu haben, um sie gleichzeitig gegen den Urheber selbst zu richten.

Zwei Adler mit einem Pfeil erlegen

Wenn man aufmerksam genug ist, wird man feststellen, dass neben dem Ziel, das man anstrebt, ein weiteres besteht, das genauso verlockend ist. Ist man geistesgegenwärtig genug, kann man auch dieses erreichen.

Die Kaiserstadt aus vier Himmelsrichtungen erreichen

Treten Schwierigkeiten bei der Verwirklichung eines Planes ein, wäre es töricht, sein Vorhaben aufzugeben.

Besser ist es, andere Wege, neue und unbekannte zu beschreiten, um letztendlich doch zu gewinnen.

Als Strohkopf zum Meister werden

Den Narr zu spielen ist oft von Vorteil, denn man kann seine Absichten verwirklichen, ohne dabei erkannt zu werden. Solange einen niemand ernst nimmt, vermag man die anderen zu beobachten und von ihren Fehlern zu profitieren.

Als schlaues Kaninchen drei Verstecke anlegen

Die Welt ist voll von Jägern. Und jeder Jäger bedeutet Gefahr. Jeder Gejagte kennt ein Versteck. Doch auch jeder Jäger kennt es. Deshalb ist es nötig, den Jäger in die Irre zu führen und ihm ein leeres Versteck anzubieten, während man sich selbst schon längst in einem anderen Versteck in Sicherheit gebracht hat.

Lebensmeisterschaft

Dickes Gesicht, schwarzes Herz

»Was für ein Auto fährst Du?« »In welcher Gegend wohnst Du?« »Von welcher Firma sind Deine Lieblingsklamotten?« Dies sind Fragen, wie man sie unter jungen Leuten in Europa hört - und in verstärktem Maße mittlerweile auch in China, und zwar nicht nur in Taiwan. In der gesamten Volksrepublik hat sich der westliche Einfluss breitgemacht und man legt mehr Wert auf das Äußere als zu jenen Zeiten, in denen die Menschen noch dachten, die äußere Erscheinung sei ein Spiegelbild des Inneren eines Menschen. Eines ist freilich geblieben: die Furcht, »sein Gesicht zu verlieren« bzw. die Forderung, »sein Gesicht zu wahren«. Diese uralte Tradition besagt, dass das Gesicht den Stolz eines Menschen trage, und dieser strahle auf die ganze Familie aus, selbst auf die Ahnen - weshalb ein Sprichwort besagt, eine edle Person müsse ein »weißes Herz und ein schmales Gesicht« haben. Der erste Teil bedeutet hierbei, dass man so achtsam wie möglich leben sollte, um niemandem Schaden zuzufügen, auch wenn man dabei die eigenen Interessen opfern müsste; der zweite meint, man möge sich stets so verhalten, dass man der Familie, den Ahnen und sich selbst keine Schande bereitet.

Weshalb aber ist das Gesicht von so überaus großer Bedeutung, und zwar schon seit Jahrhunderten? Weil das Gesicht der Teil am Menschen ist, über den andere zuerst urteilen. Und was drückt sich im Gesicht aus? Die moralische Erziehung, so glaubt man zumindest, die einer erhalten hat und die von den ethischen Vorstellungen derer, die die Macht innehaben, nicht abweicht. Diese moralischen Verpflichtungen führten im antiken China etwa dazu, dass ein Gelehrter es vorzog, in Armut zu leben, als seine Ideale um irgendeines zweifelhaften Vorteils wegen zu verraten. Seine Ehre zu retten war sein höchstes Ziel und dies hätte er auch vor dem Kaiser getan, und wenn er dafür sein Leben gelassen hätte. Auch Frauen handelten nach diesen Maßstäben: Um das Gesicht der Familie zu wahren, hätten sie beispielsweise den Tod dem ungewollten Verlust ihrer Jungfernschaft vorgezogen; oder sie hätten einer arrangierten Ehe ohne Murren zugestimmt, nur um den Glanz der Ehre zu wahren, auch wenn ihre wirklichen Gefühle gänzlich andere waren.

Ein gewiss auch im Westen bekanntes Beispiel für diese Haltung ist vom Kaiser Xian Yu aus dem Han-Reich überliefert. Manche Leser kennen ihn vielleicht aus dem Film »Leb wohl, meine Konkubine«. Er verlor den Kampf mit dem König des Nachbarstaates, und die Historiker meinen, er hätte seinem Leben mit dem eigenen Schwert gewiss kein Ende gesetzt, wenn er nicht ein so »dünnes Gesicht« gehabt hätte. Und über seine Geliebte, die Konkubine Yu Ji, die sich ebenfalls mit dem Schwert das Leben nahm, urteilen sie ebenso. Eine Schönheit, die für die Liebe, ein Kaiser, der für die Ehre stirbt – was für ein schöner Filmstoff! Doch hätte Xian Yu sich von seiner Niederlage erholt und den Feind zur Revanche herausgefordert und hätte er dabei vielleicht noch gewonnen, dann wäre die Geschichte anders geschrieben worden ... Das aber verhinderten das »schmale Gesicht« und das »weiße Herz«.

Viele Jahrhunderte danach, in der späten Qing-Dynastie, schrieb ein Gelehrter namens Lee Zong Wu ein

Buch mit dem Titel »Eine Untersuchung über das dicke Gesicht und das schwarze Herz«, das später von Pu Yi, dem letzten chinesischen Kaiser, mit einem Bann belegt wurde. Er fürchtete wohl, die klaren und weisen Aussagen des Autors wären in der Lage, Moral und Tradition der Nation zu untergraben. Das Volk, so meinte er, könnte sich plötzlich über das »dünne Gesicht und das weiße Herz« seine Gedanken machen und die jahrtausendealten Vorbilder über Nacht ablegen und mit einem Mal nicht mehr regierbar sein.

Doch was stand in dem Buch? Was war es, das der Kaiser derart fürchtete? War das Buch tatsächlich so revolutionär, dass er es lieber vor der Welt verstecken wollte? Lee Zong Wu hatte nichts anderes getan, als beschrieben, wie es möglich sein würde, auf individuelle Weise erfolgreich zu sein, ohne freilich andere dabei zu übertölpeln, und wie man zu den Gewinnern zählen konnte, ohne die Interessen anderer dabei zu negieren. Der Gelehrte war ein Vordenker der heutigen freien Marktwirtschaft und des Liberalismus und zeigt auf, wie es möglich sein würde, zu siegen, ohne zu kämpfen, und wie man auch aus Niederlagen Gewinn ziehen könnte, anstatt sich - wie üblich - das Leben zu nehmen. Lee Zong Wu lehrt, niemals aufzugeben, egal, wie man sich fühlt (das nennt er »ein dickes Gesicht haben«), und alle Zweifel über Bord zu werfen, egal, was man beginnt (das nennt er ein »schwarzes Herz haben«).

»Dickes Gesicht, schwarzes Herz« ist weder eine Methode noch ein Trick, andere Menschen des eigenen Vorteils wegen zu missbrauchen. Eher gleicht es einem Messer, dessen beide Seiten scharf sind. Verwendet man es auf die rechte Weise, erreicht man sein Ziel und erhält von der Geschichte einen guten Namen zugesprochen; wendet man es falsch an, wird man zum Problemfall für die ganze Gesellschaft. Aber »Dickes Gesicht, schwarzes Herz« bedeutet nicht, dass man schamlos eine jede Situation ausnützen und andere nicht in seine Überlegungen mit einbeziehen sollte. Vielmehr wird hier gelehrt, wie man sich um die Dinge kümmert, die wirklich wichtig für einen sind, und wie man sie von den weniger wichtigen unterscheiden lernt, damit man sein Ziel erreicht. Wenn man das Wissen aber nur zur eigenen Gewinnmaximierung anwendet, schadet man sich selbst; und je mehr man andere an seinem Gewinn teilhaben lässt, umso mehr wird der Charakter veredelt. Wer sich für die Menge einsetzt, wird die Dankbarkeit der Massen ernten - gerade das war es, wozu sich der letzte chinesische Kaiser nicht in der Lage sah.

Dickes Gesicht, schwarzes Herz

Zweierlei gilt es sein Leben lang entweder zu tun oder zu beachten, lehrt Lee Zong Wu:

Den Pfeil abschneiden

Verhalte Dich bei einem schwierigen Geschäft wie ein Arzt, der den Pfeil, der im Fuße eines Patienten steckt, abschneidet, die Pfeilspitze aber in der Wunde belässt und der anschließend die Rechnung präsentiert. Beschwert sich der Behandelte, erkläre ihm, Du könntest ihm nicht weiterhelfen, und schicke ihn zu einem Spezialisten.

Den Kessel flicken

Profitiere von einem günstigen Geschäft wie ein Kesselflicker. Behandle das Metall so, dass Du den Schaden noch vergrößerst. Zeige dann dem Besitzer, wie hart Deine Arbeit ist, und er wird Dir mit Sicherheit mehr bezahlen.

Auf den ersten Blick erscheinen diese Anweisungen recht unmenschlich, doch wenn man es genau bedenkt, hat man sich selbst auch schon in solchen Situationen wiedergefunden. Und genau hier liegt der Vorteil dieses Werkes: Man kann genau erkennen, welchen Gefahren man selbst ausgesetzt ist.

Ein Beispiel: Nachdem Sie lange auf eine Antwort Ihres Chefs gewartet haben, sagt er Ihnen endlich, dass Ihre Idee sehr gut sei, doch er müsse sie noch mit seinem Partner besprechen, denn er könne dies leider nicht allein entscheiden. Und Sie hoffen und hoffen und hoffen, bis Sie - wiederum nach langer Zeit des Wartens - erfahren müssen, dass Ihre Idee abgelehnt worden ist. Und viele Monate später sehen Sie das, was

Sie sich ausgedacht haben, in modifizierter Form wieder, können aber nicht beweisen, dass die Idee von Ihnen stammt.

Es gibt weitere interessante Prinzipien, die Lee Zong Wu lehrt:

Geduld haben
Willst Du ein Ziel erreichen, gehe nicht zu stürmisch vor. Achte lieber auf die Fallstricke. Bist Du heute nicht erfolgreich, versuche es morgen wieder. Bist Du morgen nicht erfolgreich, versuche es übermorgen.

Löcher bohren
Kommst Du mit Deinem Vorhaben nicht weiter, fange an, überall dort, wo es nötig ist, kleine Löcher zu bohren. Irgendwann wird aus vielen kleinen Löchern ein großes Loch, das so groß ist, dass Du hindurchpasst.

Ohne Scham prahlen
Stelle alles, was Du kannst, hast oder willst, in den Vordergrund. Mache so lange Lärm, bis alle glauben, dass sie Dich in Deinem Vorhaben unterstützen müssen, damit sie so großartig werden wie Du.

Komplimente machen
Niemand wird ein Kompliment verachten. Du wirst Deine Ziele erreichen, wenn Du Menschen lobst, auch wenn sie Deines Lobes gar nicht würdig sind.

Drohungen aussprechen
Die Kunst, jemandem zu drohen, besteht darin, es ihn nicht merken zu lassen. Willst Du etwas von einem bestimmten Menschen haben, so lasse ihn indirekt wis-

sen, dass es durchaus unvorteilhaft für ihn sein kann, Deinem Wunsch zu widersprechen. Das machst Du, indem Du Deine Drohung in ein Lob verpackst.

Bestechung üben
Das rechte Geschenk zur rechten Zeit macht aus manchem Gegner einen aufrechten Freund.

So gemein manche dieser Vorschläge sind, sie helfen doch auch im positiven Sinn. Dann nämlich, wenn uns selbst solches begegnet. Lee Zong Wu lehrt uns also, auf der Hut zu sein! Und er gibt uns weitere Ratschläge:

» Ein wirklich ›dickes Gesicht‹ sagt aus,
dass sein Träger äußerst duldsam ist. «

» Ein »schmales Gesicht« erkennt nicht
die Chancen, die einem das Leben bietet. «

» Kämpfe für das, was Du haben willst,
und lasse alles andere mit dem Wind davonwehen. «

» Wäge Gewinn und Verlust ab,
damit Du einen großen Fang
nicht mit einem kleinen Fisch beendest. «

» Je mehr Macht Du hast,
umso toleranter kannst Du sein. «

» Solange die Berge grün sind,
muss man nicht fürchten,
kein Holz für den Ofen zu haben. «

» Mache Zugeständnisse, um voranzukommen. «

»Kämpfe nicht für einen kurzfristigen Gewinn, große Ernte verlangt harte Arbeit.«

»Lerne Dich zurückzuziehen, wenn es die Lage erfordert.«

»Halte Deine wirkliche Stärke vor anderen verborgen.«

»Verzeihe anderen ihre Fehler.«

Schon aus diesen wenigen Beispielen kann man erkennen, weshalb der Kaiser von China die Worte des Gelehrten fürchtete. Er hatte nämlich erkannt, dass »Dickes Gesicht, schwarzes Herz« auf dreifache Art angewendet werden konnte:

- Man kann das hier angeführte Wissen herz- und schamlos anwenden, ohne dass einem allerdings jemand dafür Anerkennung zollen würde.

- Man kann das hier angeführte Wissen so gut anwenden, dass einem jedermann Anerkennung zollt, obwohl er genau sieht, was man da macht.

- Man kann das hier angeführte Wissen mit dem Mantel der Tugend und der Moral versehen, sodass einem von allen Seiten Lob und Dankbarkeit entgegenströmt.

Hätte Pu Yi, der letzte chinesische Kaiser, die Listen und Weisheiten des Lee Zong Wu lieber studiert, als sie zu verbieten, wer weiß, wie dann die Geschichte verlaufen wäre ...

Dankbarkeit

Die Kunst des Gewinnens

Zu den großen Werken der chinesischen Literatur zählt auch das Buch »Wie man die Waffen bedient« des General Sun Tse. Von seinem Verfasser ursprünglich als ein Buch über die erfolgreiche Kriegsführung niedergeschrieben, wurde es im Laufe der Zeit von Politikern jedweder Coleur, Diplomaten und Geschäftsleuten gleichermaßen als Buch über die Kunst des Gewinnens erkannt. Über Sun Tse selbst (das »Tse« bedeutet »weiser Mann«) wissen wir kaum Näheres, außer dass er etwa zur Zeit des Konfuzius (551–479 v. Chr.) lebte. Damals war das chinesische Territorium in viele kleine Staaten aufgeteilt, zwischen denen immer wieder Krieg herrschte. Sun Tse empfahl seine Kunst der Kriegsführung dem König des kleinen Landes Wu, das daraufhin zu einem der stärksten und mächtigsten aufstieg. Mehr ist über den, der dieses so einflussreiche Buch schrieb, nicht bekannt.

Das *Sun Tse Bing Fa*, wie das Buch im Original heißt, besteht aus nur ca. 6000 Worten. Knappheit gehört eben seit jeher zu allem Militärischen. Es ist in 13 Kapitel unterteilt, die sich vor allem mit drei Themen beschäftigen:

- Die Strategie vor einem Kampf: Wie man Gewinne und Verluste schon vorher errechnet, wie man an Informationen gelangt und wie man die rechte Vorgehensweise findet.

- Die Strategie im Kampf: Wie man mit geringen Kosten den größten Erfolg erzielt und man mit der richtigen Taktik gewinnt.

- Die Analyse: Wie man sich selbst und den Gegner am besten kennen lernt und das jeweilige Umfeld mit einbezieht, um den Sieg davonzutragen.

Wie man unschwer erkennt, ist all dies nicht nur auf wirkliche Kriegsführung (Napoleon soll das Werk gekannt haben und deshalb so erfolgreich gewesen sein), sondern auch auf das weite Feld des Geschäftslebens anzuwenden. Sun Tsis Worte sind dabei zeitlos, sie gelten damals wie heute und - sollte die Menschheit sich nicht positiv weiterentwickeln - werden sie dies auch noch in ferner Zukunft tun.

Im Folgenden werde ich einige besondere Verhaltensweisen aus diesem Werk anführen und sie gleichzeitig interpretieren. Wie schon bei der »Lächelnden List« ist es nötig, für sich selbst zu entscheiden, ob man solche Strategien selbst anwenden möchte oder ob es einem genügt, sie bei anderen zu erkennen. Für welche Variante man sich auch entscheidet, sie tragen auf alle Fälle dazu bei, letztlich zu den Gewinnern zu gehören und somit ein gutes und gesundes Leben führen zu können.

Vom Gebrauch der Waffen hängt es oft ab,
ob man überlebt oder stirbt. Deshalb muss man
hier besonders vorsichtig sein.

Um in einer Gesellschaft zu überleben, muss man täglich und überall kämpfen. Bevor man sich zu einem Kampf herausfordern lässt, sollte man überlegen, ob er wirklich notwendig ist, und daran denken, dass jeder Krieg mit Tod verbunden ist und kaum ein Krieger unverwundet nach Hause kommt.

Auf fünferlei kommt es an, bevor man Krieg führt: das Tao, den Himmel, die Erde, den General, das Gesetz.

Das Volk sollte den Handlungen seiner Führung zustimmen, um sie darin zu unterstützen. Um zu gewinnen, muss man den rechten Moment abwarten können. Dieser hängt manchmal sogar von äußeren Umständen wie dem Wetter oder den Jahreszeiten ab. Zudem muss man die Umgebung des Schlachtfeldes kennen, die Topographie, den Platz, der einem zur Verfügung steht, die Vor- und Nachteile des Terrains bei Angriff und Verteidigung.

Das Militär sollte intelligent sein und über Strategien verfügen, sollte Lob und Bestrafung im rechten Maße einsetzen. Es sollte die Untergebenen schätzen, tapfer sein und bei Entscheidungen nicht zögern; es sollte das Vertrauen der Menschen gewinnen; ein jeder sollte wissen, was seine Aufgabe ist; zudem sollte der Nachschub kontrolliert werden.

Einem guten Rat folgen und die Richtung vorgeben.

Meist entscheidet die richtige Taktik über Sieg und Niederlage. Doch gleichzeitig bedarf es des Einflusses verschiedener Mächtiger, um die rechte Taktik auch zu unterstützen. Daraus wird dann eine Richtung, die ganz auf der Seite derer ist, die sie ausgerufen haben.

Trickreich sein hilft immer.

Man sollte nie seine wirkliche Macht oder seine wirkliche Absicht zeigen. Dadurch gerät der Gegner ins Wanken und kann schließlich besiegt werden.

Gewinnen

Dem Gegner mit der Aussicht auf Gewinnen herausfordern.
Den Gegner angreifen, wenn er in Aufruhr ist.
Den Gegner gut gewappnet angreifen.
Die Stärke des Gegners meiden.
Den Gegner verärgern, sodass er die Beherrschung verliert.
Den Gegner stolz machen, um ihn dann zu attackieren.
Den Gegner unter Druck setzen, um ihn zu ermüden.
Die innere Einheit des Gegners zerstören.

Sun Tsi lehrt, dass es nötig ist, den Gegner so gut zu studieren, dass man ihn besser kennt als er sich selbst. Aber auch sich selbst muss man sehr gut kennen, um Fehler zu vermeiden. Erst dann wird man aus jedem Kampf als Gewinner hervorgehen. Wie das geht, lehrt der General so:

Angreifen, bevor der Gegner gerüstet ist, zu kämpfen beginnen, noch bevor man erwartet wird.
Heute nennt man dies »Überraschungsangriff«. Er ist vor allem aus dem Geschäftsleben kaum mehr wegzudenken.

Dauert der Kampf zu lange, werden die Soldaten müde und verlieren an Kraft.
»Schneller Kampf, schneller Gewinn«. Ein Heer zu unterhalten verursacht enorme Kosten; niemand kann dies über lange Zeit bewerkstelligen. Und Soldaten können ihre Kräfte nur auf einen besonderen Moment hin bündeln.

Sich mit dem Feind zu vereinigen, ohne zu kämpfen,
ist der schönste Gewinn.

Eine Schlacht ohne Kampf zu gewinnen und ein Land einzunehmen, ohne es zu zerstören und wieder aufbauen zu müssen, ist ein lohnendes Ziel, denn auf diese Weise werden kaum Kosten verursacht. Wer gegen Mitbewerber nicht gewinnen kann, sollte versuchen, sie zu »schlucken«. Dafür muss man aber den rechten Moment erkennen und mit der richtigen Taktik vorgehen.

Die richtige Strategie ist die:
Umringe den Gegner, wenn Du zehnmal stärker bist.
Greife ihn an, wenn Du fünfmal stärker bist.
Spalte ihn, wenn Du doppelt so stark bist.
Strenge Dich im Kampf an, wenn Du gleich stark bist.
Ziehe Dich zurück, wenn Deine Kräfte nachlassen.
Vermeide den Kampf, wenn Du schwächer als der Gegner bist.

Diese Taktik ist ideal für alle Geschäftsleute. Läuft das »Business« gut, kann man sich vergrößern, bis man die Mitbewerber »schluckt«. Ist man kein Big Player, muss man seinen Vorteil dort suchen, wo ihn bislang noch keiner entdeckt hat.

Man muss sich selbst kennen und *man muss den*
Gegner kennen – wer dann zu kämpfen beginnt,
wird den Sieg davontragen.

Nur sich selbst zu kennen und einen Kampf zu beginnen gleicht dem Herumirren im Dunkeln. Nur den Gegner zu kennen und einen Kampf zu beginnen gleicht dem Versuch, ein Segelboot ohne Mast zu steuern. Weder sich selbst noch den Gegner zu kennen und einen Kampf zu beginnen bedeutet, dass man aus diesem nicht lebend zurückkehren wird.

Auch wenn es heute noch »kriegerische Auseinandersetzungen« gibt, so sind sie doch im Vergleich zu den früheren Zeiten sehr viel weniger geworden. Dagegen aber hat der Krieg im Alltag zugenommen - dadurch, dass alle, die am Prozess einer Marktwirtschaft teilnehmen, gezwungen sind, sich Vorteile zu verschaffen, andernfalls werden sie nicht überleben. »Geschäft ist Krieg, Wettbewerb ist Krieg«, sagt ein chinesisches Sprichwort. Im Krieg werden Spione eingesetzt, genauso wie heute in allen Geschäftsfeldern. Sogar im Internet ist man vor Spionen nicht sicher, im Gegenteil. Doch steckt auch hier hinter allem ein menschliches Gehirn, das sich solches ausdenkt. Sun Tse und seine Strategien haben also den Eingang in die elektronische Welt gefunden und leiten unser Leben, ob wir es wollen oder nicht. Wir sollten nur versuchen, auf anständige Weise zu Gewinnern zu werden - andernfalls wird unser Sieg nicht lange anhalten.

DEM
HIMMEL
UND
DER
ERDE
LAUSCHEN

Das blaue Wasser
kennt keinen Kummer;
nur der Wind
macht sein Antlitz faltig.

Der grüne Berg
kennt kein Alter;
nur der Schnee
macht sein Haupt weiß.

Die Natur bewegt sich ihrem eigenen Rhythmus gemäß und das menschliche Leben schreitet voran, indem es ihm folgt. Natur und Mensch stehen in ganz besonderer Beziehung zueinander und sind aufeinander bezogen. Eines unterscheidet die beiden aber nachhaltig: Die Natur kennt kein Schicksal. Die Menschen hingegen bringen das Schicksal ins Spiel, wenn sie darüber nachdenken, weshalb der eine reich und der andere arm geboren ist. Sie fragen sich, warum manche schön und andere hässlich sind. Weshalb die einen Eltern gehorsame Kinder haben, die anderen hingegen unfolgsame. Fragen wie diese gibt es zuhauf, und die Antworten laufen oft auf dasselbe hinaus: Das Schicksal sei dafür verantwortlich. Das Schicksal hat viele Gesichter und ist für viele Erklärungen gut. Darum akzeptieren es die einen, wohingegen andere nicht damit klarkommen wollen; manche glauben an das Schicksal und die Vorbestimmung, andere lehnen dies ab.

Ich glaube, dass man für sein Schicksal verantwortlich ist. Man erntet, was man sät, wie es im Volksmund heißt. Das Ergebnis ist in diesem Leben sichtbar, in diesem Jahr, in diesem Monat, an diesem Tag, zu dieser Stunde. Es kann aber auch das Ergebnis dessen sein, was man in einem früheren Leben gesät hat. Das Leben, das man von seinen Eltern geschenkt bekommen hat, ist das Feld und man selbst entscheidet, welche Pflanzen dort wachsen sollen. Der Rhythmus der Natur kann bei einer guten Ernte helfen, doch er kann auch das Gegenteil bewirken. Aus diesem Grunde wollen die Menschen bis auf den heutigen Tag etwas über ihr Schicksal in Erfahrung bringen. Das ist nicht nur bei den Chinesen so, sondern bei allen Völkern dieser Erde. Jede Kultur hat dabei ihre eigenen Methoden ersonnen, doch keine ist so alt, durchdacht, effektiv und wird so häufig benutzt wie das *I Ging* - das Buch der Wandlung.

Die Wandlung

Mindestens schon 4 000 Jahre lang wurde das I Ging in China befragt - und es ist nicht nur ein Orakel zur Vorhersage der Zukunft, sondern auch die Quelle aller chinesischen Weisheit. Und nachdem sogar der große Konfuzius die darin enthaltenden Werte gedeutet hatte, stand auch sein philosophischer Wert für immer fest.

Seit jeher waren die Chinesen von den Höhen und Tiefen des Lebens in unserer an Facetten so reichen Welt fasziniert. Ein jeder von ihnen (und überhaupt ein jeder, der auf dieser Erde lebt) ist um Glück und ein gutes Los bemüht und trachtet danach, alles Unheilvolle von sich fernzuhalten. Über die Zeiten hinweg haben die Launen des Lebens uns deutlich gemacht, wie selbst Regierungen und einflussreiche Machthaber versagen können, wie ganze Dynastien aufsteigen und mit einem Mal wieder vergehen, wie Gelehrte zu Ehren gelangen, ihnen diese aber eines Tages abgesprochen werden, wie Arme zunächst reich werden und danach in bittere Armut verfallen können.

Weshalb ist das Leben so voll von Wechselfällen? Weshalb ist das Glück keine konstante, verlässliche Größe, sondern vergänglich? Und wie können wir schädliche Einflüsse vermeiden? Solche Fragen bezüglich unseres Schicksals und der gesamten Welt gehen uns alle an, und jede Kultur hat immer wieder Orakelspiele entwickelt, um sich Klarheit bezüglich ihrer Probleme zu verschaffen. Keines aber hat sich dabei so sehr bewährt und das derart wirksam erwiesen wie eben das I Ging.

Das Wesen dieses ältesten aller bekannten Orakel (»I« bedeutet Wandlung und »Ging« meint ein klassisches heiliges Buch) ist selbst Wandlung. Vor über 4 000 Jahren war es - laut Überlieferung - die Erkenntnis des Lebensprinzips der ewigen Veränderung, die den Kaiser Fu Xi dazu veranlasste, sein System der acht Trigramme zu entwickeln. Jedes dieser Zeichen besteht aus drei Linien, die entweder gerade (–, Yang) oder unterbrochen (- -, Yin) sind. Yang steht dabei für das männliche (Helligkeit, Himmel, Sonne, Bewegung, Trockenheit, Wärme, Glück, Tag etc.) Prinzip, Yin für das weibliche (Dunkelheit, Erde, Mond, Einhalt, Feuchtigkeit, Kälte, Trauer, Nacht etc.). Alles, das existiert, ist dieser Polarität unterworfen. Jeder der acht Möglichkeiten, Trigramme zu bilden, ist ein Name zugeordnet, der die acht universellen Prinzipien oder Naturgesetze repräsentiert, die in ihrer Ausrichtung auf die acht Himmelsrichtungen verweisen. Später, während der Shang-Dynastie (1766 - 1122 v. Chr.), entwickelte Kaiser Zhou Wen Wang dieses System weiter und gestaltete 64 Hexagramme (»Sechszeiler«), von denen ein jedes zwei Trigramme enthält (ein oberes und ein unteres). Auf raffinierte Weise sind in ihnen sämtliche Kombinationsmöglichkeiten vereint, sodass man sagen kann, das I Ging ist nicht nur mehr als die Summe seiner Teile, sondern auch ein mathematisches Wunder, in dem sich die ganze Welt von selbst erklärt. Man muss die jeweiligen Antworten nur zu deuten und dann umzusetzen wissen ...

Die acht Trigramme des Fu Xi

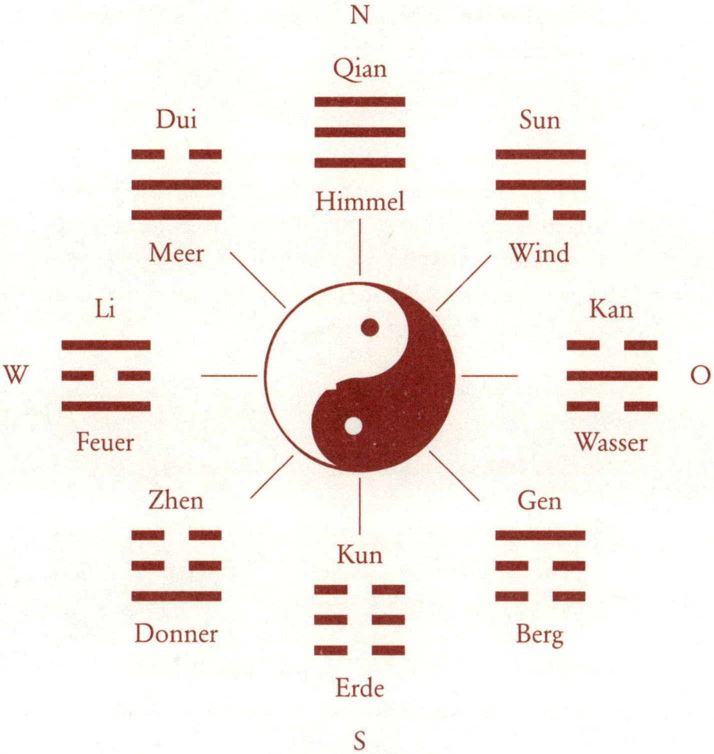

Wie man das I Ging anwendet

Traditionellerweise wirft man ein Schafgarbenbündel, Stäbchen oder Münzen, um Linie für Linie ein Hexagramm zu bilden und dann das I Ging zu befragen. Ich habe jedoch eine weitere Methode entwickelt, mit welcher sich der gesamte Prozess schneller und einfacher bewerkstelligen lässt.

- Kopieren Sie die nächste Seite, auf der die acht Trigramme abgebildet sind. Schneiden Sie diese dann aus und kleben Sie sie auf Münzen o. Ä. Damit halten Sie acht Token (Scheinmünzen) in Händen, mit denen sie nun »arbeiten« können. Der Punkt über den Linien bedeutet »oben«.

- Werfen Sie alle acht Münzen (mit den Trigrammen auf der Vorderseite) auf eine saubere Fläche vor Ihnen und vermischen Sie die Münzen gut.

- Schließen Sie die Augen und reinigen Sie Ihren Geist, indem Sie negative Gedanken, Kummer oder Zorn zur Vergangenheit erklären.

- Konzentrieren Sie sich auf eine einzige Frage. (Das I Ging wird Ihnen eine größere Hilfe sein, wenn diese Frage klar und kurz ist; vermeiden Sie auch Fragen, deren Antworten Sie schon kennen, und wiederholen Sie die Fragen nicht.)

- Nehmen Sie jetzt mit der rechten Hand eine der Münzen und übertragen Sie die Linien des Hexagramms auf ein Blatt Papier. Sie haben nun bereits die untere Hälfte Ihres Hexagramms.

- Legen Sie die Münze zu den anderen zurück und wiederholen Sie das Ritual. Nehmen Sie nun mit der linken Hand eine zweite Münze. Dieses Trigramm stellt den oberen Teil Ihres Hexagramms dar. Zeichnen Sie dieses über das schon auf dem Papier befindliche Trigramm.

- Sie haben nun jenes Hexagramm gebildet, das Ihnen Antwort auf Ihre Frage geben wird. Suchen Sie in der Tabelle der Hexagramme das Ihre, merken Sie sich die Nummer und schlagen Sie im I Ging (in jeder beliebigen Ausgabe oder auch in meiner Übersetzung) unter dieser Nummer nach.

- Dort finden Sie die Antwort auf Ihre Frage und die Interpretation gleichermaßen.

- Wenn Sie wollen, können Sie diese Antwort auf ein Blatt Papier schreiben und dieses mit sich tragen, damit Sie die stille Anwesenheit des I Ging führt und leitet. Dadurch haben Sie zur Weisheit dieses ältesten aller Orakelbücher immer und überall Zugang, damit Sie Ihren Lebensweg meistern und mit den gewonnenen Erkenntnissen andere ebenso glücklich machen, wie Sie es nunmehr selbst sein sollten.

Die acht Münzen zum Orakelspielen

Das älteste Orakel der Welt ist in der Lage, Antworten auf alle Lebensfragen zu geben. Auf den beiden nächsten Seiten finden Sie die Tabelle der Trigramme, aus denen Sie Ihr Hexagramm bilden können.

Die Tabelle der Hexagramme

Oberes Trigramm		Qian ☰	Zhen ☳	Kan ☵
Unteres Trigramm				
Qian	☰	1	34	5
Zhen	☳	25	51	3
Kan	☵	6	40	29
Gen	☶	33	62	39
Kun	☷	12	16	8
Sun	☴	44	32	48
Li	☲	13	55	63
Dui	☱	10	54	60

Gen ☶	Kun ☷	Sun ☴	Li ☲	Dui ☱
26	11	9	14	43
27	24	42	21	17
4	7	59	64	47
52	15	53	56	31
23	2	20	35	45
18	46	57	50	28
22	36	37	30	49
41	19	61	38	58

Die zwölf Glücksbringer

Als ich noch ein Kind war, erzählten mir meine Eltern immer wieder die Geschichte von der Schildkröte und dem Kaninchen. Sie wollten einander im sportlichen Wettkampf messen. Wer denn wohl der Schnellere sei? Natürlich gewann die Schildkröte! Das europäische Pendant zu diesem ungleichen Kräftemessen mit verblüffendem Ausgang finden wir in der Fabel vom Hasen und dem Igel. Doch obwohl die Schildkröte in China auch als Symbol für langes Leben so berühmt ist, fand sie sonderbarerweise keine Aufnahme in das chinesische Horoskop, das sich am Mondkalender orientiert und nicht die Monate, sondern das Jahr der Geburt in den Mittelpunkt stellt. Diese Jahre wiederum werden von Tieren symbolisiert. Und das kam - einer antiken Legende zufolge - so: Der Gott des Himmels veranstaltete unter den Tieren der Erde einen Laufwettbewerb. Die zwölf besten sollten dann das Horoskop stellen. Die Ratte erreichte als Erste das Ziel, dann der Büffel, gefolgt von Tiger, Hase, Drache, Schlange, Pferd, Ziege, Affe, Hahn und Hund. Als Letztes traf das Schwein im Ziel ein.

Eine andere Legende berichtet davon, dass Buddha, als er sich anschickte, diese Erde zu verlassen, die Tiere rief, ihn noch ein letztes Mal zu sehen. Den zwölfen, die kamen, schenkte er jeweils ein Jahr.

Jedes Tier symbolisiert einen speziellen Charakter, weshalb die Chinesen seit alters diese Form des Horoskops besonders dann schätzen, wenn es darum geht, einen passenden Ehepartner zu finden. Denn die rechte Wahl garantiert Erfolg in der Liebe, die falsche erfordert große Anstrengung, um wenigstens den Schein aufrechtzuerhalten, um schließlich doch zu scheitern. Freilich gibt es bei einer Eheschließung auch das zu bedenken, was wir in den Kapiteln über Feng Shui und Body Feng Shui gesagt haben, dann noch den Familienhintergrund, die moralische Grundeinstellung etc. Doch an allererster Stelle steht eben das Jahr der Geburt. Im Folgenden stelle ich die Bedeutung der einzelnen Tiere und dann ihre passenden Ergänzungen dar.

Die Ratte

Die Ratte ist dasjenige Lebewesen mit dem stärksten Überlebenswillen. Sie mag bei uns zu Hause nicht besonders willkommen sein, aber das liegt wohl eher an unserer eigenen Beschränktheit. In der chinesischen Volkskultur ist sie jedenfalls äußerst beliebt: In vielen Büchern und Liedern wird sie beschrieben und besungen, wobei natürlich stets die menschlichen Sehnsüchte gespiegelt werden.

- Die Ratte weiß jeden Vorteil auszunutzen.
- Sie ist von Natur aus äußerst intelligent.
- Sie ist sehr feinfühlig.
- Sie ist flexibel und kann sich auf verschiedene Weise entwickeln.
- Sie ist voller Gefühl und umsorgt die, die mit ihr sind.
- Sie ist mutig und lässt sich von Schwierigkeiten nicht von ihrem Vorhaben abbringen.
- Sie handelt intuitiv, weshalb sie oft missverstanden und zu Unrecht getadelt wird.

Folgende Geburtsjahre sind die ihren:
1912, 1924, 1936, 1948, 1960, 1972, 1984, 1996, 2008 …

Der Büffel

Der Büffel war in früheren Zeiten das allerwichtigste Tier für die Bestellung der Äcker. Seine Kraft wurde zum Pflügen der Felder verwendet. Und so ist sein Charakter: Er arbeitet hart und wird nie müde. Der Büffel war so beliebt und so wichtig, dass man darauf verzichtete, sein Fleisch zu essen.

- Der Büffel gibt nie nach, er zeigt seine Stärke ohne Verdruss.
- Oft ist er eine Führungspersönlichkeit, weil er in der Lage ist, Kraft zu zeigen.
- Der Büffel überlegt sorgfältig, bevor er handelt.
- Er kümmert sich sehr um das Familienleben.
- Seine Einstellung zum Leben ist durchwegs positiv.
- Sein Charakter ist geradlinig, voller Geduld und ausdauernd.

Folgende Geburtsjahre sind die seinen:
1913, 1925, 1937, 1949, 1961, 1973, 1985, 1997, 2009 …

Der Tiger

Der Tiger ist eines der stärksten Tiere, die es gibt, weshalb nicht jeder mit ihm klarkommt. In China ist er ein Glückssymbol, und eine starke Frau nennt man hier »Tigerin«. Aber das ist kein Grund, dass sie nicht einen liebevollen Partner haben könnte.

- Der Tiger ist voller Mut, denkt positiv und verteidigt die Seinen.
- Er ist äußerst unabhängig und liebt es, seine Handlungen alleine auszuführen.
- Der Tiger ist von Natur aus optimistisch.
- Er gibt niemals auf.
- Was er tut, das plant er, und er wartet stets auf den rechten Augenblick.
- Er ist ein Symbol der Kraft, doch er muss vorsichtig sein, sich nicht zu überschätzen.

Folgende Geburtsjahre sind die seinen:
1914, 1926, 1938, 1950, 1962, 1974, 1986, 1998, 2010…

Der Hase

Der Hase gehört zu den eher sanftmütigen Tieren, die keinerlei Gefahr für andere darstellen. Die Gefahr meidet er, solange es geht, weshalb er lieber sein Gehirn anstelle seiner Muskeln benutzt. Ein chinesisches Sprichwort sagt: »Ein schlaues Kaninchen hat drei Verstecke.«

- Der Hase ist elegant und ruhig.
- Er sucht die Freude.
- Er verfügt über eine natürliche Milde und Ehrlichkeit.
- Er hält sich gerne zurück, doch verfügt er auch über die Gabe, gute Reden zu halten.
- Andere heißen ihn gerne willkommen und schätzen ihn sehr, weshalb er oft mit Eifersucht konfrontiert wird.
- Oft handelt er zu schnell, was manchmal zu unerwartetem Schaden führt.

- Er kann über den Tellerrand hinausblicken und ist sehr fürsorglich.

Folgende Geburtsjahre sind die seinen:
1915, 1927, 1939, 1951, 1963, 1975, 1987, 1999, 2011 ...

Der Drache

Der Drache war in früheren Zeiten das beliebteste chinesische astrologische Zeichen, ein Glücksbringer sondergleichen. Immer wenn das Jahr des Drachen bevorstand, wurden die Frauen schwanger, damit ihre Kinder genau in einem solchen Jahr geboren werden konnten. Doch später merkte man, dass dies den Kindern nur unnötige Erwartungen auferlegte - und so verschwand diese Sitte allmählich wieder.

- Der Drache ist stolz und voller Selbstvertrauen.
- Er ist von Natur aus idealistisch.
- Er verfolgt seine Ziele, arbeitet hart daran, seine Träume zu verwirklichen.
- Er symbolisiert Glück, Tugend, Frieden und langes Leben.
- Er ist großzügig und hilfsbereit.
- Er ist stets mutig.
- Ein weiblicher Drache wird meist von vielen männlichen Wesen begehrt.

Folgende Geburtsjahre sind die seinen:
1916, 1928, 1940, 1952, 1964, 1976, 1988, 2000, 2012 ...

Die Schlange

Die Schlange wird oft indifferent betrachtet - so auch in der chinesischen Kultur. Doch man hält sie dort auch für einen kleinen Drachen, weshalb man ihr durchaus Sympathien entgegenbringt. Es gibt eine Legende über eine weiße Schlange, die übernatürliche Kräfte hatte und sich in eine wunderschöne Frau verwandelte. Natürlich verliebte sie sich in einen gut aussehenden Gelehrten und unternahm alles, um für die Liebe zwischen diesen so unterschiedlichen Geschöpfen zu kämpfen. Und auch deshalb liebt und fürchtet man sie gleichermaßen.

- Die männliche Schlange schätzt die Phantasie und den Humor, sie wird als attraktiv angesehen.
- Die weibliche Schlange ist schön und wird als sehr charmant erachtet.
- Die Schlange hat ein gutes Einschätzungsvermögen und kann Schritt für Schritt ihre Ziele erreichen.
- Sie hat ein gutes Herz und hilft anderen gerne.
- Sie ist schön und kümmert sich gerne um ihr Äußeres.

Folgende Geburtsjahre sind die ihren:
1917, 1929, 1941, 1953, 1965, 1977, 1989, 2001, 2013 ...

Das Pferd

Das Pferd ist vor allem bei den chinesischen Malern seit jeher beliebt, und zwar nicht nur wegen seiner Schönheit. Es gibt viele alte Metaphern, die dem Pferd hervorragende Eigenschaften zuschreiben. Eine davon lautet: »Wie 10 000 Pferde voranstürmen«. Auf die moderne Sprache übertragen hieße dies: »Mit Volldampf voraus!«

- Das Pferd ist äußerst lebhaft und heißblütig.
- Es ist extrovertiert, aktiv und allem aufgeschlossen.
- Es schätzt andere sehr und wird von anderen ebenso geschätzt.
- Es ist schön anzusehen und kümmert sich auch um sein Erscheinungsbild.
- Es hat seine eigene Meinung und hört selten auf den Rat anderer.
- Das Pferd hat ein größeres Talent für Ökonomisches als für zwischenmenschliche Beziehungen.

Folgende Geburtsjahre sind die seinen:
1918, 1930, 1942, 1954, 1966, 1978, 1990, 2002, 2014 ...

Die Ziege

Die Ziege ist ein völlig harmloses Lebewesen, weshalb sie auch von allen anderen geschätzt wird. Sie ist ein guter Ratgeber und wird darum auch immer wieder gerne aufgesucht.

- Die Ziege ist freundlich und gutherzig.
- Sie ist elegant, charmant und verfügt über künstlerisches Talent.
- Sie liebt die Natur.
- Äußerlich erscheint sie als weniger stark, doch ihr Willen ist enorm stark und man legt sich lieber nicht mit ihr an.

Glücksbringer

- Um alles, was sie unternimmt, kümmert sich die Ziege sorgfältig, doch die Beziehungen zu anderen bedürfen noch einer kleinen positiven Korrektur.
- Die Ziege verfügt über einen großen Familiensinn und ist ein guter Elternteil.

Folgende Geburtsjahre sind die ihren:
1919, 1931, 1943, 1955, 1967, 1979, 1991, 2003, 2015 ...

Der Affe

Der goldene Affe ist ein sehr beliebtes Tier in der chinesischen Erzählkunst. So erzählt z.B. ein berühmter Mönch, dass ihm auf seinem Weg zum Westhimmel ein goldener Affe geholfen hätte, Buddhas heilige Bücher zu sammeln. Dieser Affe habe über die Gabe verfügt, sich in jede Art von Lebewesen zu verwandeln, und über große Kampfeskunst, ohne die der Mönch sein Ziel nicht erreicht hätte. Heute gibt es in ganz China Tempel, in denen der goldene Affe verehrt wird.

- Der Affe ist schlau.
- Der Affe ist sogar klug und voller Weisheit.
- Er ist sehr wissbegierig.
- Er verfügt über ein ausgezeichnetes Gedächtnis.
- Er ist sehr diplomatisch und vermeidet auf diese Weise allzu große Probleme mit anderen.
- Er ist leicht zu begeistern, verliebt sich gerne, neigt aber gerade deshalb zu mehreren Partnern.
- Der Affe ist äußerst begabt und erfolgsorientiert.

Folgende Geburtsjahre sind die seinen:
 1920, 1932, 1944, 1956, 1968, 1980, 1992, 2004, 2016 ...

Der Hahn

Der Hahn weckt uns jeden Morgen auf, wie könnten wir da auf ihn verzichten? »Sobald der Hahn kräht, beginnt man zu arbeiten«, weiß ein chinesisches Sprichwort, das der Bevölkerung ihre harte tägliche Arbeit erklären will. Und ein anderes besagt: »Manchmal ist es besser, der Kopf eines Hahns als der Schwanz eines Ochsen zu sein.« Warum, das ist wohl klar.

- Der Hahn verhält sich geradlinig und ist schön anzusehen.
- Er vermag die Dinge im Voraus zu erkennen.
- Er ist nicht allzu vertrauensselig, doch geizt er nicht mit Rat.
- Der männliche Hahn achtet sehr auf sein Äußeres.
- Der weibliche Hahn verfügt über ein besonderes Farbgefühl.
- Der Hahn hat immer Glück - besonders was seine Arbeit betrifft.
- Er liebt es, eine angenehme Atmosphäre zu schaffen, und ist ein guter und aufrechter Partner.

Folgende Geburtsjahre sind die seinen:
1921, 1933, 1945, 1957, 1969, 1981, 1993, 2005, 2017...

Der Hund

Einige wohlerzogene Chinesen geben sich auf besondere Art bescheiden, sodass sie von anderen gelobt werden. »Den eigenen Sohn wie einen kleinen Hund ansehen«, lautet die entsprechende Empfehlung hierfür. Gemeint ist natürlich das Gegenteil. Aber genau das zeigt, wie sehr man dieses Tierzeichen schätzt, denn Söhne sind in China ja mit das Wichtigste.

- Der Hund ist geradlinig und vertrauenswürdig.
- Er ist leicht melancholisch und schätzt es, die volle Wahrheit kennen zu lernen.
- Er ist leicht zufrieden zu stellen und beschwert sich selten.
- Er schätzt es, für andere da zu sein, weshalb man sich in seiner Gegenwart wohl und sicher fühlt.
- Wenn etwas schiefgeht, sucht der Hund den Grund bei sich selbst und nicht bei anderen.
- In der Liebe ist er ehrlich, dem Partner treu ergeben.

Folgende Geburtsjahre sind die seinen:
1922, 1934, 1946, 1958, 1970, 1982, 1994, 2006, 2018 ...

Das Schwein

In der Geschichte vom goldenen Affen, die ich oben erwähnt habe, kommt auch ein Schwein vor, das dem Mönch half, die begehrten Bücher zu erhalten. Es verkörpert des Menschen Liebe, seine Wünsche, sein Verlangen und seine Träume, auch wenn es dadurch andere gelegentlich in Gefahr bringt.

- Was öffentliche Interessen anbelangt, so ist das Schwein selbstlos.
- Es ist tapfer, doch vorsichtig, für übereilte Aktionen ist es nicht zu haben.
- Es ist freundlich, hilfsbereit und prinzipientreu.
- Das Schwein gesteht sich seine eigenen Fehler ein und vergibt den anderen die ihren.

- Es ist treu und vertrauenswürdig, sodass es auch über wirkliche Freunde verfügen kann.
- Es ist sehr flexibel und in der Lage, die verschiedensten Dinge auszuführen.
- Sein Selbstverständnis und seine Gabe, hart zu arbeiten, bringen dem Schwein Erfolg.

Folgende Geburtsjahre sind die seinen:
1923, 1935, 1947, 1959, 1971, 1983, 1995, 2007, 2019...

Jetzt wissen Sie also alles über die verschiedenen Tierzeichen im chinesischen Horoskop. Gewiss wollen Sie nun aber in Erfahrung bringen, welches denn nun zu welchem passt. Die folgende Liste wird Ihnen darüber Auskunft geben. (Haben Sie einen Partner, der nicht dem angegebenen Tier entspricht, seien Sie bitte nicht enttäuscht; denn das heißt nicht, dass Sie den falschen Partner haben, sondern nur, dass sich die Partnerschaft vielleicht nicht ganz so mühelos gestalten lässt, wie das mit einem anderen »Tier« möglich wäre.) Für ein gutes und gesundes Leben ist es aber auf jeden Fall unerlässlich, herauszufinden, welches Tierzeichen nicht nur die sind, die wir lieben, sondern auch jene Menschen, die zu unserer engeren und weiteren Verwandtschaft gehören, die unsere Arbeitskollegen oder Geschäftspartner sind und schließlich auch die, die wir zu unseren Freunden zählen. Wir können dadurch feststellen, warum wir mit jemandem harmonieren oder nicht, und wir können sogar ersehen, ob jemand zu uns passen wird oder ob eher das Gegenteil der Fall ist. Die Kenntnis der Tierzeichen hilft also, Fehler zu vermeiden, Enttäuschungen gar nicht erst aufkommen zu lassen und sich den Wesen zuzuwenden, die die richtigen für uns sind.

Partnerschaft

TIER	PARTNER (positiv)	PARTNER (negativ)
Ratte	Drache, Affe, Büffel	Ziege, Pferd, Hase, Hahn
Büffel	Ratte, Schlange, Hahn	Drache, Pferd, Ziege, Hund
Tiger	Pferd, Hund	Schlange, Affe
Hase	Ziege, Hund, Schwein	Ratte, Büffel, Drache, Hahn
Drache	Ratte, Affe, Hahn	Büffel, Hase, Hund, Drache
Schlange	Büffel, Hahn	Tiger, Affe, Schwein
Pferd	Tiger, Ziege, Hund	Ratte, Büffel, Hase, Pferd
Ziege	Hase, Pferd, Schwein	Ratte, Büffel, Hund
Affe	Ratte, Drache	Tiger, Schlange, Schwein
Hahn	Büffel, Drache, Schlange	Ratte, Hase, Hahn, Hund
Hund	Tiger, Hase, Pferd	Büffel, Drache, Ziege, Hahn
Schwein	Ziege, Hase	Schlange, Affe, Schwein

Wenn Tiere in der jeweiligen Tabelle nicht angeführt sind, so heißt dies, dass sie für die Partnerschaft gut sind. Gut bedeutet etwas mehr als »positiv« und sehr viel mehr als »negativ«.

Generell kann man sagen: Wenn man mit einem Menschen zusammen ist, der wirklich zu einem passt, so gehört dies zu den ganz großen Glücksfällen im Leben. Natürlich ist es nicht einfach, Tag für Tag mit derselben Person das Feuerholz, den Reis, das Öl, den Essig, das Salz, den Zucker und den Tee zu teilen, doch es lohnt die Anstrengung. Meine Großmutter sagte einmal zu diesem Thema: »Die beiden Liebenden kämpfen um das Kopfende des Bettes, doch am Fußende müssen sie Frieden schließen.«

Die Zukunft sehen und hören

Neben Feng Shui, I Ging, Tierzeichen, Handlesen und Physiognomie gibt es eine weitere, bei den Chinesen sehr beliebte Methode, mehr über die persönliche Zukunft und das Schicksal in Erfahrung zu bringen: das taoistische Tempelritual. Wer sich diesem unterziehen möchte, muss sich, bevor er den Tempel aufsucht, zunächst innerlich und äußerlich reinigen. Dazu hat er alle negativen Gedanken zu vermeiden und mit niemandem Streit anzufangen. Ernähren sollte er sich in dieser Zeit ausschließlich vegetarisch. Zudem empfiehlt sich gründliches Waschen. Wenn Geist und Körper dann gereinigt sind, kann man den Tempel betreten. Dort muss man frische Blumen, Räucherstäbchen und Papiergeld als Opfergabe auf den Altar in der Mitte der Gebetshalle legen. Dann zündet man die Räucherstäbchen an und fängt vor den taoistischen Gottheiten zu beten an, bevor man sich meditierend auch an den Himmel und die Erde wendet. Nun stellt man die Räucherstäbchen in ein Gefäß und greift nach zwei nierenförmigen Täfelchen, die auf dem Altar liegen.

Man kniet nieder und schickt in innerer Versenkung die Frage, die einen bewegt, in Richtung der Gottheiten. Nach einiger Zeit wirft man die Täfelchen zu Boden.

Wenn sie dreimal auf verschiedenen Seiten aufkommen, dann antwortet das Orakel mit »Ja«. Zeigen sie dreimal die gleiche Seite, heißt das eindeutig »nein«. Kommen sie dreimal hintereinander mit der anderen gleichen Seite auf, muss man sich erneut der Meditation widmen oder die Frage anders stellen, bis man eine klare Antwort erhält.

Man kann diese Methode auch zu Hause praktizieren, z. B. mit Münzen. Reinigen Sie sich aber genauso, als würden Sie in den Tempel gehen. Entzünden Sie die Räucherstäbchen. Beten und chanten Sie. So werden Sie innerlich ruhiger und können sich auf Ihre Frage konzentrieren. Formulieren Sie diese so einfach und klar wie möglich.

Eine andere Methode funktioniert nach derselben Vorgabe, nur dass man dabei Bambusstäbchen verwendet. Meist steht in den taoistischen Tempeln neben dem Altar ein großes, dickes Bambusrohr, in dem Hunderte von Stäbchen untergebracht sind. Manche Gläubige ergreifen nach der Meditation dieses Rohr und schütteln es so lange, bis ein Stäbchen herausfällt. Auf ihm

Zukunft

ist eine Nummer verzeichnet, die man einem der Priester nennt, der die Antwort in einem heiligen Buch nachschlägt. Meist sind die dort gefundenen Worte aber äußerst nebulös, sodass man ohne die Interpretation des Priesters nicht auskommt - wofür natürlich eine kleine Gabe erwartet wird.

Taoistische Priester verfügen auch über die Gabe, ein ungünstiges Los in ein günstiges zu verwandeln. Dazu benötigen sie zunächst das Geburtsdatum dessen, der in Schwierigkeiten steckt. Dann schauen sie sich die Sternenkonstellation an, zeichnen magische Figuren, murmeln Beschwörungsformeln und kämpfen mit dem magischen Schwert gegen die Mächte der Finsternis an. Schließlich werden noch magische Figuren verbrannt und heiliges Wasser versprüht. Am Ende der Zeremonie wird dem Bittsteller mitgeteilt, wie er sich in Zukunft zu verhalten habe, um das Böse, das ihm widerfuhr, zu bannen. All dies hört sich zugegebenermaßen sehr mysteriös an, aber es soll tatsächlich wirken...

300 Kilometer nördlich von Peking hatte ich bei meinem letzten Chinabesuch ein unvergessliches Erlebnis. Ich besuchte die antike Stadt Zheng De, welche die Sommerresidenz und Jagdstätte vieler Kaiser war. Die Stadt liegt zwischen sanften Hügeln und ist von acht buddhistischen Tempeln umgeben. Als ich einen von diesen betrat, war ich über die Größe dieser Anlage, die aus unzähligen Gebäuden bestand, erstaunt. Es waren weiße Häuser mit rot gestrichenen Fensterrahmen, die mit farbenprächtigen, seidenen Flaggen bestückt waren. Eine scheinbar endlose Treppe führte zu den Pagoden. Während ich hinaufstieg, zählte ich die Stufen: Es waren 360! Die höchste Glückszahl! Egal, ob man die

drei Zahlen addiert oder multipliziert, die Quersumme ergibt immer neun. Diese Treppe war also mit numerologischem Wissen angelegt worden. Oben gab eine Terrasse den Blick auf die schier endlose mongolische Bergkette frei. Und überall standen kupferne, mit Wasser gefüllte Gefäße, auf denen geschrieben stand: »Je mehr Sie daran reiben, umso größeres Glück wird Sie ereilen!« Darunter war der Preis für dieses Vergnügen aufgemalt: 10 Yuen. Ein junges Mädchen in traditionellem mongolischem Kostüm demonstrierte, wie man dieses Glücks teilhaftig werden konnte: Sie rieb so lange, bis sich ein singender Ton aus dem Topf himmelwärts erhob. Ihre Hände waren vom vielen Reiben schon genauso rot wie die Fensterrahmen der Tempelanlage. Dann sah ich, wie die Gläubigen sich eifrig daranmachten, an den Kupfergefäßen zu reiben. Der Ton, der dabei entstand, war wie ein einziger Schrei nach Glück, der die Luft erfüllte und vom Wind weitergetragen wurde. Und mir war mit einem Mal klar: Das Glück ist sichtbar, es ist fassbar, es ist hörbar - solange man nur daran glaubt.

DAS LOTOS-PRINZIP

Der frisch zubereitete Tee
heißt einen alten Freund willkommen,
der als Feldertrag seines Herzens
Lotossamen
mitgebracht hat.

Lotosfüsse

Viele Jahrhunderte lang galten gebundene Füße in China als Ausdruck allerhöchster weiblicher Schönheit, auch wenn niemand so recht weiß, zu welcher Zeit sich diese Auffassung etablierte. Es gibt schriftliche Zeugnisse aus der Song-Dynastie (960–1279), aber man ist der Ansicht, dass der Ursprung wesentlich länger zurückliegt. Es waren vor allem Gelehrte, welche diese Sitte schätzten, doch sie hatten wohl einige Skrupel, darüber zu schreiben, wissend, wie unmenschlich und widernatürlich das Binden von Füßen war. Nichtsdestoweniger wurde es in Gedichten gepriesen und alle Männer waren wie verrückt danach. Die Frauen ertrugen unglaubliche Schmerzen, um diese Bürde auf sich zu nehmen, denn schließlich war sie auch das Symbol für Reichtum und Wohlstand, ein Schönheitsideal, das ein Mädchen, das gut verheiratet werden sollte, unbedingt aufweisen musste. Die kleinen, gebundenen Füße wurden in reich verzierte Seidenschuhe gesteckt, deren Absätze meist aus Holz waren. Besondere Modelle wiesen ein Loch in Lotosform auf, in welches parfümierter Puder gegeben wurde, das bei jedem Schritt zu Boden fiel und betörenden Duft verströmte. Aus diesem Grunde nennt man gebundene Füße auch Lotosfüße.

Auch meine Großmutter hatte Lotosfüße. Es waren immer ganz besondere Tage in meiner Kindheit, wenn sie uns besuchen kam. Sie lebte in einem Anwesen im alten Hafen, der heute etwas außerhalb Tainans, meiner Heimatstadt im Süden Taiwans, liegt. Oft blieb sie einige Tage bei uns und half ihrer Tochter, meiner Mutter, auf uns Kinder aufzupassen. Ich war immer ganz begierig, zu sehen, wie sie sich wusch, denn das war die einzige Gelegenheit, ihre gebundenen Füße zu sehen. Die Sitte der Seidenschuhe gab es damals nicht mehr, weshalb meine Großmutter eine Spezialanfertigung aus Leder hatte. Wann immer sie in einem Schuhgeschäft auftauchte, war bald eine ganze Traube von Menschen um sie herum - alle wollten sie ihre Lotosfüße sehen. Wir lebten schließlich im modernen Taiwan und nicht im antiken China.

Doch meine Großmutter fühlte sich noch ganz in der alten Tradition verpflichtet, nicht nur äußerlich, sondern auch innerlich. Und so kam es, dass ich von ihr immer wieder Lebensweisheiten mit auf den Weg bekam, welche ich hier wiedergeben möchte, da ich erst viel später merkte, wie wichtig sie für mich und meine Entwicklung waren. Sie sind in der Tat Worte für ein gutes und gesundes Leben.

Lotos

LOTOSWEISHEIT

Die Hunde entwickeln sich gut,
nur das Schwein wächst nicht.

Wann immer ich diesen Satz hörte, war ich entsetzt. Ich dachte: Nach unserem Horoskop bin ich doch »Schwein« und einer meiner Brüder ist »Hund«. Außerdem war ich größer als mein Bruder und nicht umgekehrt. Ich verstand also nicht, was Großmuter damit sagen wollte. Doch eines Tages erklärte sie es mir: »Es hat gar nichts mit Dir zu tun«, meinte sie, »man sagt dies, wenn sich die politischen Dinge in eine andere Richtung als die geplante entwickeln, etwa wenn ein schwacher Präsident in Gefahr ist, von denen gestürzt zu werden, die ihn zu dem gemacht haben, der er (noch) ist.«

Ein Schweinchen mag den Herd umwerfen,
doch ein verzogenes Kind muss Gehorsam lernen.

Dieses Denken ist in der taiwanesischen Tradition tief verwurzelt. Disziplin muss sein, sonst kann sich weder der Einzelne noch die Gesellschaft entwickeln.
Vermutlich stammt die Forderung nach Gehorsam aus den verschiedenen Okkupationen der Insel. Denn ohne Disziplin hätten die Bewohner die Fremdherrschaft vermutlich nicht überstanden.

Eine schöne Blume wächst auf des Ochsen Dung.
Ein alter Ochse kaut junges Gras.

Derlei hört man noch heute, wenn eine Schönheit einen eher hässlichen Mann heiratet. Das zweite Beispiel bezieht sich auf die Verbindung eines alten Mannes mit einem jungen Mädchen.

Ein Schweinestall ist weniger warm als eine Hundehütte.
Hiermit soll ausgedrückt werden, dass es in der Heimat am schönsten ist und man nicht weit reisen muss, um sein Glück zu finden.

Eine Ratte in der Tasche wird diese annagen.
Offenkundig ist dies eine Warnung, die vor einer Eheschließung ausgesprochen wurde. Hier wird darauf aufmerksam gemacht, dass die Braut das Vermögen ihres Vaters in die Familie ihres Gatten zu transferieren beabsichtigt, da die Taiwanesen ziemlich materiell eingestellt sind.

Eines Ochsen Schwanz vermag sein Hinterteil nicht zu bedecken.
Ebenfalls eine Warnung: Etwas, das bisher verborgen geblieben ist, wird nicht länger unaufgedeckt bleiben. Das gilt für kleine wie für große Schandtaten.

Die Enten lauschen dem Donner.
Derlei sagt man lächelnd, wenn jemand, der eine Rede hält, absolut nicht in der Lage ist, sich dem Publikum verständlich zu machen - egal, ob sich dies im privaten oder im öffentlichen Rahmen abspielt.

Lebt das Schwein beim Theater, vermag es tanzen zu lernen.
Dieses Sprichwort drückt aus, wie wichtig die richtige Umgebung für jeden von uns ist und wie sie uns im positiven wie im negativen Sinn zu beeinflussen in der Lage ist.

Gibt es keinen Fisch,
bestellt man eben Shrimps.

Man soll mit dem zufrieden sein, was es gibt. Solange man auch mit der zweiten Wahl glücklich sein kann, gibt es keinen Grund, unwirsch oder gar zornig zu werden und andere damit zu verletzen.

Bevor man einen Hund schlägt,
sollte man prüfen, wer sein Besitzer ist.

Jede Handlung sollte wohl abgewogen sein, um keine Fehler zu begehen. Wer in Eile handelt, begibt sich in Gefahr, das Gegenteil von dem zu erreichen, was er im Sinn hatte.

Zwinge keinen Ochsen,
hinter einem Pferd herzulaufen.

Viele Menschen begehen immer wieder den Fehler, die Situation falsch einzuschätzen. Deshalb ist es wichtig, genau darauf zu achten, wer wofür geeignet ist, und seine Kräfte nicht sinnlos zu vergeuden.

Tigerkopf und Rattenschwanz gleichermaßen haben.

Der Beginn war gut, das Ende schlecht. Man sollte immer darauf schauen, dass man nicht nur furios startet, sondern dass auch das Finale Eindruck macht. Sonst wird aus Starkem ganz schnell Schwaches.

Die Katze beweint den Tod der Maus.

Dies sagt man, wenn man weiß, dass jemand sich verstellt. Es kann auch sein, dass uns jemand schmeichelt und in Wirklichkeit etwas ganz anders meint. Auf jeden Fall muss man auf der Hut sein.

Auch wenn die Schale des Enteneies noch so hart ist, sie kann ihr Zerbrechen nicht verhindern.

Damit wollte meine Großmutter ihre Enkel ermahnen, stets ehrenvoll zu sein bzw. darauf zu achten, dass man die Ehre der Familie nicht durch unüberlegte Taten in Verruf bringt.

Wird der Hund in die Enge getrieben, muss er angreifen.

Man sollte anderen immer großmütig begegnen und einen Gegner nie so lange herausfordern, bis man ihn dazu zwingt, zu unlauteren Mitteln zu greifen. Denn diese werden sich gegen den Verursacher richten.

Die Henne, die ihr Nest oft wechselt, legt keine Eier.

Erfolg tritt nur dann ein, wenn man sich permanent um ihn bemüht, egal, worum es sich dabei handelt. Wer sich auf das, was er tut, konzentriert, wird keinen Misserfolg ernten.

Auf einem störrischen Pferd sitzt ein störrischer Reiter.

Es ist ein Irrtum, jemanden für den Besten, Stärksten, Schönsten etc. zu halten. Denn es gibt immer jemanden, der besser, stärker, schöner etc. ist. Auch eine komplizierte Lage bleibt nicht immer kompliziert.

Das Herz einer Frau gleicht einer Nadel auf dem Meeresgrund.

Alle Männer kennen dies: Es ist erstens nicht einfach, eine Frau zu verstehen, und zweitens sehr schwer, ihr Herz zu erobern. Wer freilich die Nadel findet, dem wird Glück zuteil.

Schwarz ist die Flasche der Sojasauce.
Diesen originellen Vergleich wendet man an, wenn man überzeugt ist, das jemand sein wahres Gesicht verbirgt oder nicht sagen möchte, was er denkt oder wozu er in der Lage ist.

Der eine beklagt die Härte des Sitzes in der Sänfte, der andere, wie schwer die Last ist, die er tragen muss.
Ein wunderbares Bild für uns alle, die wir nie mit dem, was wir haben, zufrieden sind, sondern unsere Erfüllung darin finden, immer und überall unsere Klagen zu äußern.

Weisheit

LOTOSBLÜTE

In alten Zeiten waren die Frauen von der Schulbildung ausgeschlossen. Man(n) hielt dies für vergeudete Zeit, denn der Sinn des Lebens einer Frau bestand darin, eine gute Mutter und eine liebevolle Gattin zu sein. Eine solche Frau musste kochen und nähen können, hatte über vorzügliche Umgangsformen, die der Tradition und der Moral entsprachen, zu verfügen, musste gehorchen und den Gatten ergötzen können, das Familienbudget verwalten und um die hohe Kunst des Geschenkemachens und -empfangens wissen. All dies galt als tugendsam. Gleiches Recht für alle gab es nicht - und das, was an Wissen vermittelt wurde, erhielten diese Frauen von ihren Müttern, die es wiederum von den ihren überliefert bekommen hatten, generationenlang. Nicht anders erging es meiner Urgroßmutter, meiner Großmutter, meiner Mutter und - nein, nicht mir, denn ich hatte schon das Glück, einer anderen, modernen Generation anzugehören.

Meine Eltern, die nach der langen japanischen Okkupation ihren Weg noch zu finden hatten, waren froh darüber, dass ihre Kinder zwischen der alten Tradition einerseits und dem neuen System des Chiang kai-Shek aufwuchsen. Wir sahen es nicht ganz so: Der taiwanesische Dialekt, den meine Eltern neben Mandarin und Japanisch noch sprachen, war bei uns auf der Schule verboten; es existierte sogar ein regelrechtes Spionagesystem, um sicherzustellen, dass niemand dieses Verbot unterlief. Wir hatten Schuluniformen zu tragen: lange, weiße Socken, die bis zu den Knien reichten, und dunkelblaue Röcke bis zu den Unterschenkeln.

Was wir aber am meisten fürchteten, war die wöchentliche Kontrolle der Haarlänge, welche die der Militärregierung entstammenden Lehrer mit einem Lineal vollzogen. Das Haar musste gerade sein, durfte nicht über die Ohrläppchen hinausgehen und sollte auch kein Ponyschnitt sein. Unser Kopf glich daher einer halbierten Wassermelone. Knaben gab es auf unserer Schule nicht, doch wann immer wir mit ihnen in Berührung kamen, sahen wir, dass ihre Haare so kurz geschnitten waren, dass sie fast den Glatzen buddhistischer Mönche ähnelten.

Meine Nichte erlebt das heute anders: Sie darf sogar Ohrringe und Make-up tragen und was die Haare betrifft, so hat sich die freie Meinungsäußerung durchgesetzt. Die Schuluniform gibt es zwar noch, doch sie wird nur einmal in der Woche angezogen. Die Hausaufgaben, die wir noch mit dem chinesischen Pinsel auszuführen hatten, werden jetzt am Computer erledigt. Man lebt wesentlich näher an der westlichen Kultur, doch die Tradition ist nach wie vor lebendig. Es gibt immer mehr Studenten und die Universitäten nehmen an Ansehen zu. Man sagt, die Taiwanesen seien äußerst intelligent. Jeder beherrscht mindestens drei Sprachen: den einheimischen Dialekt, Mandarin und Englisch. Das ist zwar noch nicht ganz so viel im Vergleich zu dem, was die Schweizer können, aber immerhin …

Die moderne Generation erlebt die politische Situation zwischen China und Taiwan als äußerst verwirrend. Wofür soll man plädieren? Für die Wiedervereinigung oder die Unabhängigkeit? Meine deutschen Leser werden vielleicht verstehen, wovon ich spreche, denn sie haben dieses Problem in den letzten Jahrzehnten ja auch hautnah mitbekommen. Das taiwanesische Parlament erlebt wegen dieser Frage immer wieder die heftigsten Auseinandersetzungen - und manchmal werden diese sogar mit Fäusten ausgetragen, so emotionalisiert ist man selbst in einem so fortschrittlichen Land. Amerika und Japan sind mit diesem heiklen Problem ebenfalls beschäftigt. Denn es ist neben dem Wohlstand und dem Know-how der Bewohner vor allem die geostrategische Lage dieser kleinen Insel im Pazifik, die sie so interessant macht. Würden Amerika oder Japan das große Land China an seiner ökonomisch bedeutsamen Küste angreifen, so müsste dies von Taiwan aus geschehen. Würde Taiwan also wieder zu China gehören, wäre nach Ansicht der Politiker diese Gefahr gebannt.

Seit der Trennung vom Mutterland haben die Taiwanesen ihre eigene Kultur entwickelt. Auch die früheren Besetzungen durch die Holländer und später durch die Japaner haben zu einem widerstandsfähigen Charakter geführt, der sich vielleicht vom normalen, fatalistischen chinesischen unterscheidet. Man weiß, wie man überlebt, und ist sehr eng mit seinen Wurzeln verbunden. Nicht umsonst ist die Lieblingsblume der Taiwanesen der Lotos, dieses Mal freilich nicht wegen geschnürter Füße, sondern weil sein Leben in der Dunkelheit des Schlammes beginnt und sich in den perlweißen Samen seiner Blüte vollendet.

DER SÜSSE DUFT DES MANGOBAUMS

Die Dämmerung bricht an und das orangerote Himmelsgestirn wird rasch feuerfarben. Tiefer und tiefer sinkt der ferne Ball, bis er den Kanal erreicht, der Tainan mit dem Hafen An Ping verbindet. Träge fließt das Wasser dahin, es hat jede Veränderung der Stadt miterlebt und die Geschichten ihrer Bewohner vernommen, die wieder und wieder erzählt wurden.

Wie schön ein Sonnenuntergang ist –
und doch kündet er vom Einbruch der Dunkelheit.

So heißt es in einem Gedicht aus der Song-Dynastie. Mir scheint, dass heute der Himmel und der Kanal etwas anderes erzählten: Solange man genügend farbenprächtige Wolken sieht, so lange wird man sich am Sonnenuntergang erfreuen können. Die Skyline der Stadt verstärkt dieses Bild noch, das sich auch auf die Menschen, die schon seit langem hier wohnen und mittlerweile alt geworden sind, beziehen kann.

Altwerden wird oft mit Reifen verwechselt. Altern gehört zum Lauf des Lebens, den wir nicht beeinflussen können. Reifen ist eine Begleiterscheinung des Alterns, derer jedoch nicht jeder teilhaftig wird. Es gibt Menschen, die versuchen, den Sonnenuntergang zu verlangsamen, und es gibt welche, die sich nur im Glanz des Sonnenaufgangs präsentieren wollen. Doch egal, was einer mehr schätzt, wichtig ist allein, dass es genügend Wolken gibt, die das Farbenspiel des Himmels wiedergeben können.

Von Tainan, dem Ort, an dem ich geboren bin, nach Rom, dem Ort, an dem ich lebe, ist es ein langer Weg. Habe ich nun zwei Heimstätten? Nein, in meinem Herzen gibt es nur eine, und sie ist dort, wo meine Seele Frieden findet. Rom hat einen Fluss, der die Zeiten und die Stadt durchquert und von alten Geschichten zu berichten weiß; und auch Tainan durchzieht ein Kanal, in dem sich der Himmel widerspiegelt, und sein Wasser berichtet von all dem, was war.

Wie sonderbar, denke ich manches Mal! Es lässt sich tatsächlich eine Verbindung zwischen beiden so unterschiedlichen Städten herstellen. Vielleicht ist es wie bei Liebenden, die aus unterschiedlichen Kulturen kommen: Sie haben verschiedene Gewohnheiten und verschiedene Persönlichkeiten - und doch gibt es einen Kanal, der sie beide miteinander verbindet. Die Liebe wacht über ihr Leben, das stets vorangeht und sich gleichzeitig verändert. Diese Wahrheit gleicht dem Wasser, das rinnt und rinnt und rinnt…

»Was ist das? Ein Zikadenkonzert?«, fragt mich Re Re, meine Schwägerin, während eines Ferngesprächs.
»Ja, es sind Zikaden, die Du durch das Telefon hörst.«
»Gibt es die auch in Italien?«

»Ja, die gibt es auch hier«, antwortete ich ihr - und dachte: Was für eine sonderbare Verbindung zwischen Italien und Taiwan und gleichzeitig zwischen der Vergangenheit und der Gegenwart.

In meiner Kindheit war ich vom Konzert der Zikaden berauscht und natürlich von der Namensbedeutung meiner Heimatstadt. Tainan, die frühere Hauptstadt Taiwans, heißt »Der Duft der Bücher«. Eine Stadt der Gelehrten also, von der man auch sagte, dass die Mädchen, die hier aufwuchsen, der Familie ihres Bräutigams eine Wagenladung wertvoller Mitgift bescheren würden. Der »Wert« dieser Mädchen war demnach äußerst hoch, vor allem in jenen Zeiten, in denen die Ehen noch von den Familien arrangiert wurden - wie auch bei meinen Urgroß- und meinen Großeltern. Braut und Bräutigam hatten sich vor der Hochzeit noch nie gesehen. Während der Feierlichkeiten war das Gesicht der Braut mit einem roten Tuch aus Seide verdeckt und erst nach den Feierlichkeiten, wenn der Bräutigam sie in das Brautgemach führte, war der Augenblick der Wahrheit gekommen ...

Das Haus, in dem ich meine Kindheit verbrachte, lag direkt in der Altstadt und war in einem japanisch-taiwanesischen Stil errichtet mit einem großen Hof in der Mitte. Ein großer alter Mangobaum warf sein grünes Blattwerk über die Kacheln, die unser Haus bedeckten. Wenn seine Früchte reif waren, fielen sie wie riesige Regentropfen zu Boden, sobald nur ein einziger Windhauch die Äste streifte. Wir liebten die Geschenke dieses Baums so sehr, dass wir es kaum erwarten konnten, bis die neuen Gaben an ihm wuchsen. Später konstruierte mein Vater eine Vorrichtung, mit der man die

Mangos direkt vom Baum pflücken konnte: ein Sack aus Baumwolle, der an einem langen Bambusstab angebracht war. Die ersten Früchte, die auf diese Weise vom Baum geholt wurden, waren freilich nicht für unseren Verzehr bestimmt, sie wurden Buddha geweiht und auf den eigens dafür errichteten kleinen Altar gelegt. Wenn man mich fragt, woran ich mich - meine Kindheit betreffend - am besten erinnere, so ist es der süße Duft des Mangobaums.

Oft besuchten mich meine Schulkameraden und andere Kinder zu Hause. Wir übten dann im Garten moderne Theaterstücke, Singspiele und Ballettstücke für den Unterricht, während unsere Hunde und Katzen unsere Aufmerksamkeit zu erregen suchten und zwischen uns umherliefen, sodass stets ein großes Durcheinander herrschte. Aber irgendwie gelang es uns dann doch, uns auf unsere Aufgabe zu konzentrieren. Zu dieser Zeit erschien mir das Leben wie eine Truhe mit Hunderten von Schubladen. Wann immer ich eine öffnete, war sie voll von wunderbaren Kostbarkeiten.

Doch als meine Mutter schwer erkrankte, fand ich in ihnen nur noch eine böse Überraschung nach der anderen. Ich verbrachte meine Zeit zwischen der Schule und dem Krankenhaus, das allerdings nicht in Tainan, sondern in Taipeh lag. Jeden Tag fuhr ich viele Stunden mit dem Zug vom Süden in den Norden und in die umgekehrte Richtung, stets in der Hoffnung, dass sich der dunkle Himmel über mir aufheitern würde.

Nie werde ich die Reise vergessen, die ich mit meinem Vater unternahm, um den Leichnam meiner Mutter vom Hospital nach Hause zu überführen. Sie begann in einem kalten Raum, in dem man die Toten abgestellt hatte. Die Wände waren aus Beton genauso wie die Sitzbänke, und die Dunkelheit wurde nur von einer kleinen elektrischen Birne durchbrochen, die von der Decke hing. Das Licht, das sie spendete, war diffus, als wollte es Furcht und Schmerz verbergen wollen. Die anderen Toten, die dort lagen, wagte ich nicht anzusehen, nicht nur, weil ich sie nicht kannte, sondern weil sie nun alle eine für mich unbekannte Welt betreten hatten. Mein Vater musste mich allein lassen, um nach einer Transportmöglichkeit zu suchen, was während dieser nächtlichen Stunden nahezu aussichtslos war.

Schließlich kam ein kleiner Lieferwagen - die Nacht schien schwärzer als je zuvor. Es waren keine Sterne zu sehen und die Entfernung von einer Straßenlampe zur nächsten kam mir wie eine Ewigkeit vor. Für Tränen blieb mir wenig Zeit, ich hatte das Blut, das immer noch aus der Nase und den Ohren meiner Mutter floss, mit Baumwolltüchern zu entfernen. Es stammte von der Transfusion, die man ihr vor ihrem letzten Atemzug noch verabreicht hatte. Die Reise kam mir vor, als würde ich durch einen endlosen Korridor laufen, der keinen Ausweg kannte. Wann immer ich heute des Nachts unterwegs bin, holt mich dieses Gefühl von damals wieder ein.

Später, als mein Großvater starb, konnte ich nicht mehr so sehr in Tränen ausbrechen, wie es die Tradition vorschrieb. Nicht, weil ich nicht traurig gewesen wäre, nein, ich hatte einfach all meine Tränen dem Meer zurückgegeben. Ich fühlte mich dem Leben gegenüber so unbedeutend, dass ich begann, jeden Abend vor dem Zubettgehen zu beten. Noch heute mache ich dies -

nicht für mich selbst, sondern für alle Wesen, die leben, und für alle, die nicht mehr bei uns sind. Es sind Gebete des großen Mitgefühls.

Aus all dem lernte ich:

»Nur der, der dankbar ist und alle Wesen achtet,
findet Freude an den Tagen des Willkommens
und Frieden an denen des Abschieds.«

Nun liegen diese Erfahrungen in meiner Truhe mit den Hunderten Schubladen voller Kostbarkeiten. Von Zeit zu Zeit öffne ich eine von ihnen und putze ihren Inhalt, damit er nicht in Vergessenheit gerät. All dies geschieht inmitten von Olivenhainen und Weinbergen, unter dem blauen, mediterranen Himmel der römischen Campagna. Hier ist nicht meine Heimat, aber mein Heim. Zu Hause bin ich überall, denn ich trage dieses Zuhause in meinem Herzen, einen Schatz aus meiner Heimat. Es ist keine Mitgifttruhe, sondern eine Jadeschale voller Reis.

Reiskorn